새로운 손유희 모음

서정숙 엮음

보육사

머리말

우리나라의 유아교육이 다방면으로 진흥하고 발전해가고 있는 것은 매우 다행스런 일로 생각된다.

그러나 반면 유아교육자로서 염려되는 일이 많음을 또한 보게 됨으로 신중히 다루지 않을 수 없다.

지나친 지적 교육을 중시 함으로 정서적, 신체적 사회성이 결여되는 불균형적 교육이 횡행하고 있다.

더욱이 심각한 문제는 교육자로서의 자질이 터무니 없이 부족한 교사 밑에서 무엇을 통하여 아무 뜻 없이 받아들여지는 만화 주제가와 저속한 노래와 춤, 코믹한 언어나 행동이 안방에서 어른들과 어린이가 그저 흥겹게 흉내 내게 된다.

이런 사례는 다분히 유아의 깨끗하고 맑은 정서를 해칠뿐 아니라 사고력도 혼란스러워 지는 것이다. 그런 의미에서 필자는 유아들에게 걸맞는 예쁜 노래, 교육적이고 아름다운 많은 노래들을 모아 재미있는 손유희나 놀이로 만들어 보았습니다. 이 나라의 많은 유아들, 어린이들, 교사들에게 조금이나마 도움이 되었으면 합니다.

이 귀중한 책이 나오기까지 협력하여 주신 보육사 김갑기 사장님과 편집부의 여러 선생님들께 깊은 감사를 드리는 바입니다.

1998. 2.
서 정 숙

— 차 례 —

《봄 편》

1. 새 싹 ··· 9
2. 꽃 ··10
3. 꽃과 나비 ···11
4. 해 님 ··13

《여 름 편》

5. 뜨거운 여름 ··14
6. 물놀이 ··16
7. 소낙비 ··17
8. 바람친구 ··18
9. 과 일 ··19
10. 헤엄치기 ··20
11. 곤충 잡기 ··21

《가 을 편》

12. 가을 나무잎 ··22
13. 제비와 기러기 ··23
14. 가을옷 ··24
15. 제일 좋아요 ··25

《겨 울 편》

16. 겨울 왕자와 공주 ······································27
17. 차가운 겨울 ··29
18. 하얀 눈 ··30
19. 겨울놀이 ··31

㉠

20. 개구리의 노래 ··32
21. 구두장이 아저씨 ··33
22. 구두 맞추세요 ··35

23. 기 차··37
24. 꼬마 도시락··40
25. 꼬부랑 길모퉁이···42

ㄴ

26. 노래 하자 랄랄··43

ㄷ

27. 다섯 작은 아이··45
28. 도레미 노래··46
29. 토마토··48
30. 도깨비 팬티··49
31. 둥둥다리 열렸다···52

ㅁ

32. 머리, 어깨, 무릎, 발··54

ㅂ

33. 빨 래··55
34. 뱅글뱅글 돌아서···57
35. 비행기··59

ㅅ

36. 산중 호걸··61
37. 손가락 체조··64
38. 새앙쥐가 나타났다··65
39. 새앙쥐 한 마리···66
40. 세 식구··67
41. 순이 강 건너가요···69
42. 심술꾸러기 고릴라··70
43. 세마리 돼지··72

ㅇ

44. 암탉 한 마리··78
45. 오리 놀이··79
46. 올라간 눈 내려간 눈··81
47. 엄지야 춤추자··83
48. 와시 와시··84
49. 이상한 기차··85
50. 이웃집 순이··86

ㅊ

51. 채소가게··88

ㅋ

52. 코끼리와 거미줄……………………89
53. 쿵덕 쿵덕 쿵더쿵……………………91
54. 커다란 밤……………………………93

ㅌ

55. 통통통…………………………………95

ㅎ

56. 흔들흔들 짝짝………………………97

새로운 손유희〈속편〉……………………99

1. 앵두……………………………100
2. 떼굴떼굴………………………101
3. 채소들의 노래…………………103
4. 벽시계…………………………105
5. 벌거숭이………………………108
6. 다람쥐…………………………110
7. 꼬마친구 끼리끼리……………114
8. 다섯 작은 꼬마…………………116
9. 엘리베이터……………………117
10. 기차……………………………118
11. 버스 놀이………………………125
12. 여름……………………………128
13. 막차……………………………131
14. 똑같이 좋아……………………133
15. 야채들의 행진…………………135
16. 아기코끼리 책상………………136
17. 목욕을 하자……………………137
18. 한잠 자고………………………139
19. 매미 식구………………………140
20. 왜 그렇게 됐니…………………141
21. 로켓놀이………………………142
22. 손뼉을 칩시다…………………143
23. 무릎발…………………………144
24. 소풍 버스………………………145
25. 통통 짝짝………………………146
26. 치우기 선수……………………147
27. 이렇게 생겼죠…………………148
28. 나비의 일기예보………………151
29. 올라간 눈 내려온 눈 용용 죽겠지
    …………………………………153
30. 박수 선물………………………155
31. 튜-립꽃 물컵…………………157

〈새로운 유아 체조〉

움직임을 통한 이야기 놀이……………………159

1. 튜립아가씨 … 160 2. 우체통 … 162 3. 당근과 감자 … 165
4. 너는 누구냐? … 168 5. 엄마나무와 아기나무 … 171
6. 춤추는 낙엽 … 173 7. 금붕어와 개구리 … 176
8. 선생님이 만든 눈사람 … 179 9. 꼬마 눈사람 … 181

애국가

1. 새 싹

따뜻한 봄이 되었어요 산과 들에도 우리집 마당에도
새싹이 뽀족뽀족 돋아납니다 나뭇가지마다 예쁜 새싹이
파릇파릇 돋아납니다

노 래 가 사	손 유 희
 따뜻한 봄이 되었어요	 두팔을 아래에서 위로 둥글게 한다.
 산과 들에도 우리집 마당에도	 산과 들에도 우리집 마당에도
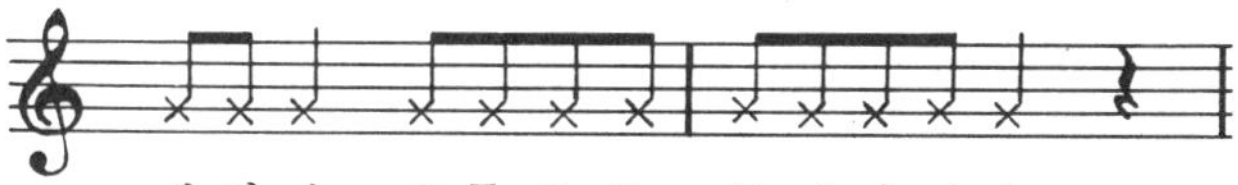 새싹이 뽀족뽀족 돋아납니다	 두손 식지를 앞에 내어 점점 위로
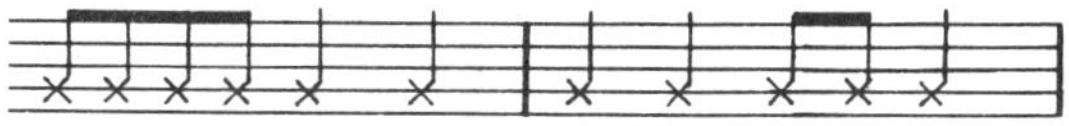 나뭇가지마다 예쁜 새싹이	 나뭇가지 마다 예쁜 새싹이
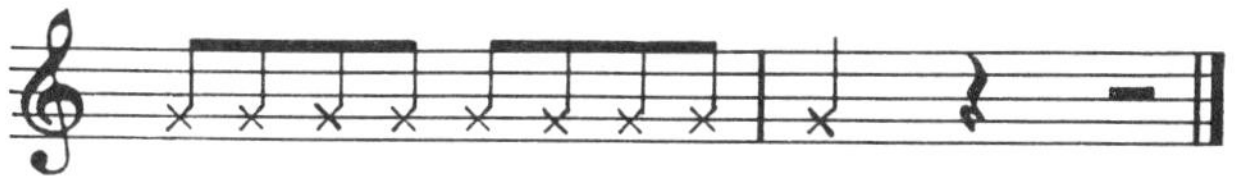 파릇파릇 돋아납니 다	 가슴 앞에서부터 하늘하늘 위로

2. 꽃

노 래 가 사	손 유 희
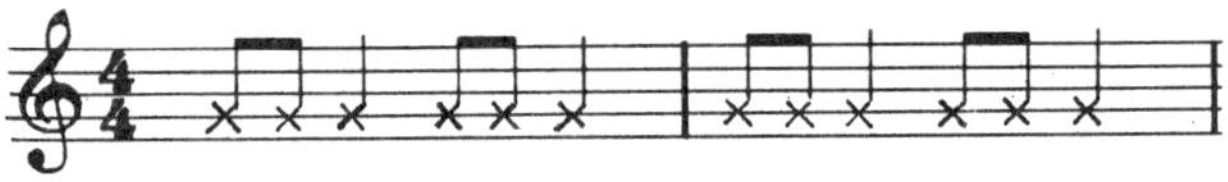 우리집 꽃밭에 빨강꽃 노랑꽃	 우리집 꽃밭에
 하 양꽃이	 빨강꽃, 노랑꽃, 하양꽃이
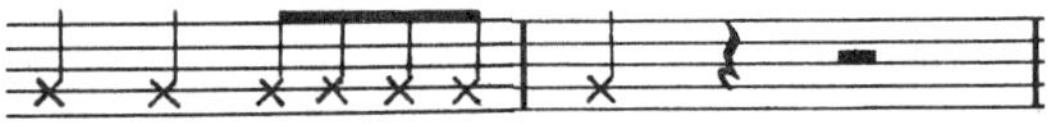 활짝 피었답니 다	 활짝 피었답니다
 애기 벌도 애기 나비도 훨 훨 춤추며	 애기벌도 애기나비도 / 훨훨 춤을 추며
 놀러옵니다	 왼손바닥은 아래로 향하게 대고 오른손은 옆으로 넓게 벌리기 1회씩

3. 꽃과 나비

하얀나비한쌍이 훨훨날아서 하얀꽃에가서 똑똑똑
노크를하지요 꿀좀주세요하니까 글쎄아직다
못만들었어요 며칠있다오세요 하얀나비한쌍은 하얀꽃님안녕
며칠있다올께요 하얀나비한쌍은 훨훨날아서 집으로갔지요

노 래 가 사	손 유 희
 하얀나비한쌍이 훨훨날아서	 하얀나비 한쌍이 훨훨날아서
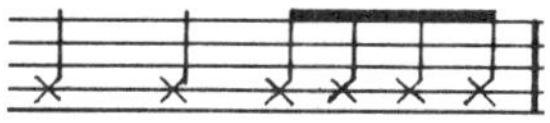 하 얀 꽃에 가서	 하얀꽃에 가서
 똑 똑 똑 노크를하지요	 똑똑똑 노크를 하지요
 꿀 좀 주세요 하 니 까	 리듬에 맞춰 굽혔다 폈다 한다.

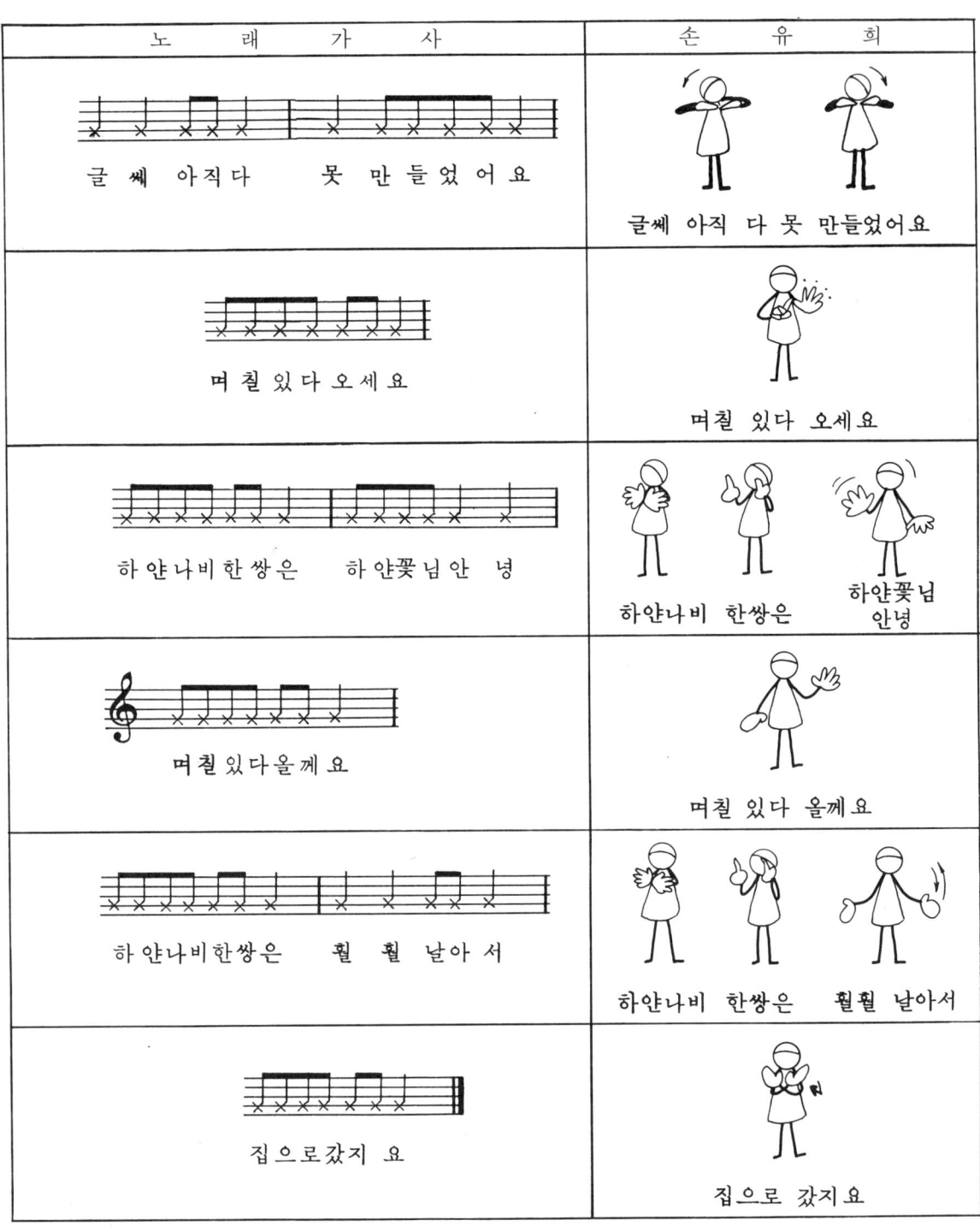

4. 해 님

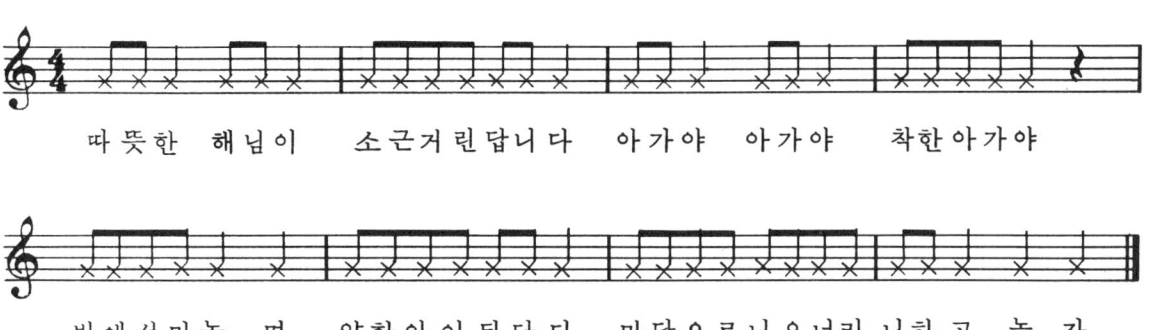

따뜻한 해님이 소근거린답니다 아가야 아가야 착한아가야

방에서만놀 면 약한아이된단다 마당으로나오너라 나하고 놀 자

노 래 가 사	손 유 희
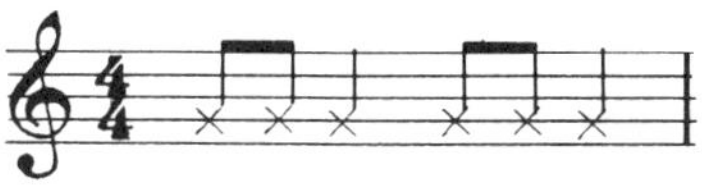 따뜻한 해님이	 따뜻한 해님이
 소근거린답니다	 반짝반짝한다.
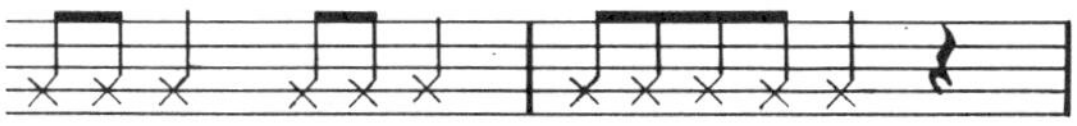 아가야 아가야 착한아가야	 아가야 아가야 착한 아가야
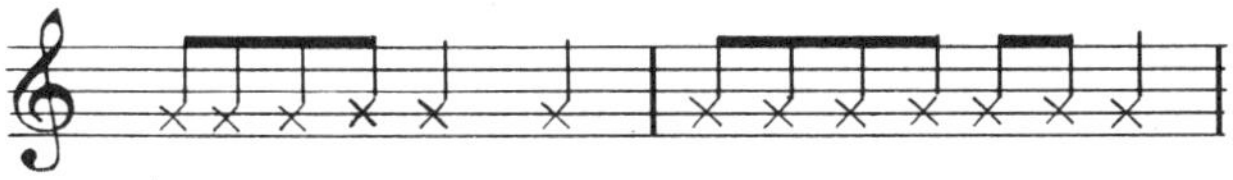 방에서만놀 면 약한아이된단다	 방에서만 놀면 약한아이 된단다
 마당으로나오너라 나하고 놀 자	 마당으로 나오너라 나하고 놀자

5. 뜨거운 여름

뜨거운 여름이 되었어요 우리집 꽃밭에 꽃 아가씨들은

아이구 목말라요 물좀 주세요 물좀 주세요 예쁜 아가새도

아이구 더워라 아이구 더워라 짹 짹 짹 짹 짹 짹

금 붕어는 물 속에서 신 나게헤엄친대요

노 래 가 사	손 유 희
 뜨거운 여름이 되었어요	 뜨거운 여름이 / 손뼉 3회
 우리집 꽃밭에	 우리집 꽃밭에
 꽃 아가씨들은	 꽃처럼 고개를 갸웃거린다.
 아이구 목말라요	 두손으로 목을 가볍게 4회 친다.

6. 물 놀이

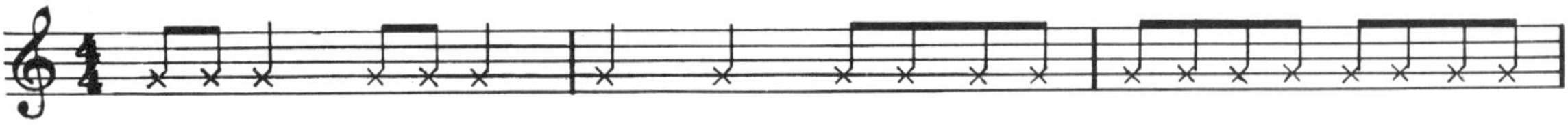

뜨거운 햇볕이 쨍 쨍 내리쬐니 아이들은물속으로

풍 덩 들어가 파닥파닥 파닥파닥 물놀이하죠

노 래 가 사	손 유 희
 뜨거운 햇볕이 쨍 쨍  내리쬐니	 뜨거운 햇볕이 쨍쨍 내리쬐니
 아이들은	 아이들은
 물속으로 풍 덩 들어가	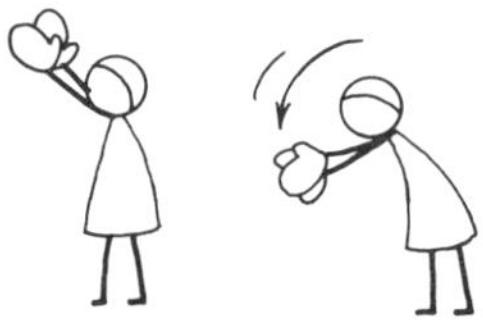 물속으로 풍덩 들어가
 파닥파닥 파닥파닥 물놀이하죠	 물장구 치는 동작

7. 소낙비

8. 바람 친구

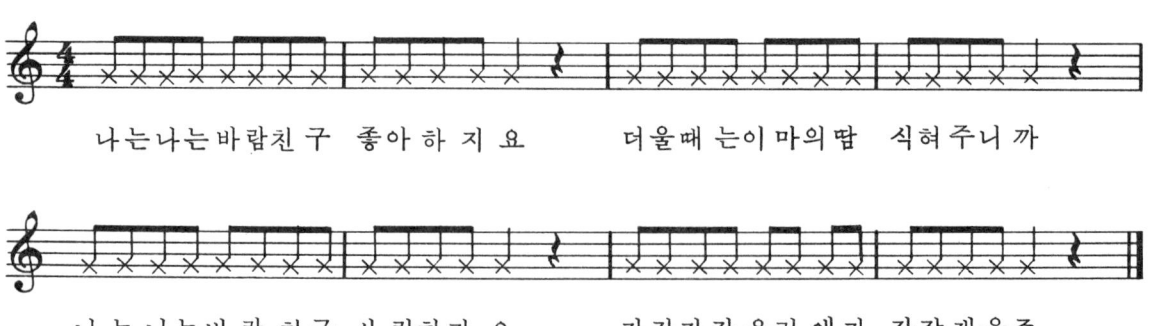

나는 나는 바람친구 좋아하지요 더울때는 이마의 땀 식혀주니까

나는 나는 바람친구 사랑하지요 자장자장 우리 애기 잠잘 재우죠

노 래 가 사	손 유 희
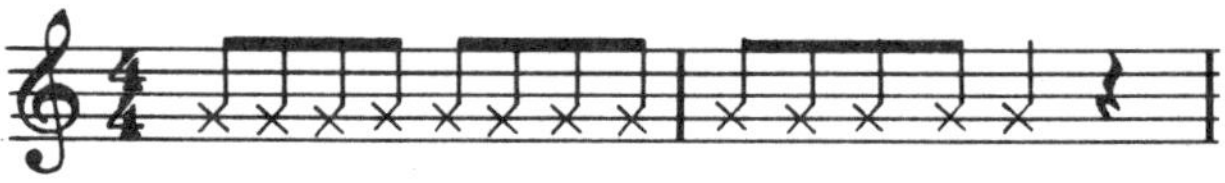 나는나는바람친구 좋아하지요	 나는 나는 바람친구 좋아하지요
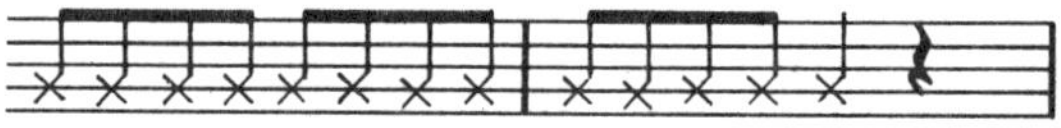 더울때는이마의땀 식혀주니까	 더울 때는 이마의 땀 식혀 주니까
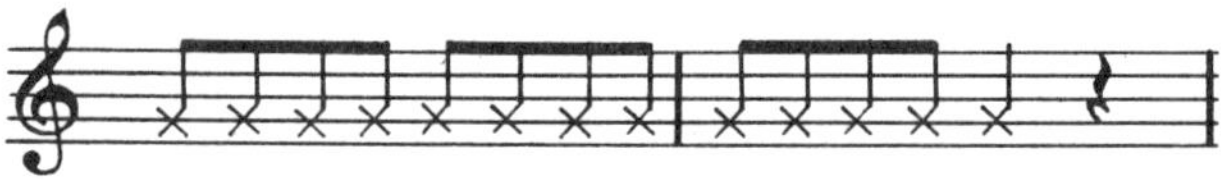 나는 나는바람 친구 사랑하지요	 나는 나는 바람친구 사랑하지요
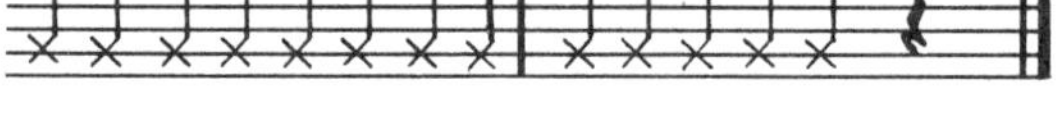 자장자장 우리 애기 잠잘재우죠	 자장자장 우리 애기 잠잘 재우죠

9. 과 일

10. 헤엄치기

나 는 나 는 여름 이   제 일 좋 아 요   풍 덩 풍 덩 풍 덩 풍 덩

개 구 리 처 럼   얼 마 든 지 얼 마 든 지   헤 엄 칠 수 있 으 니 까

노 래 가 사	손 유 희
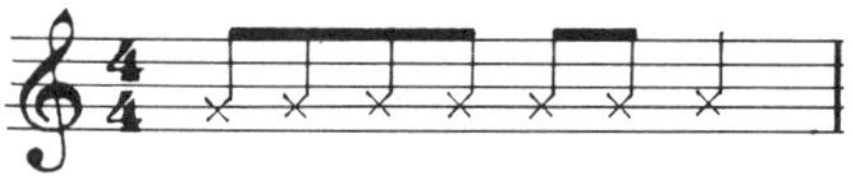 나 는 나 는 여름 이	 「여름이」할 때는 힘껏 껴앉는 동작
 제 일 좋 아 요	 제일 좋아요
 풍 덩 풍 덩 풍 덩 풍 덩	 물장구 치는 동작
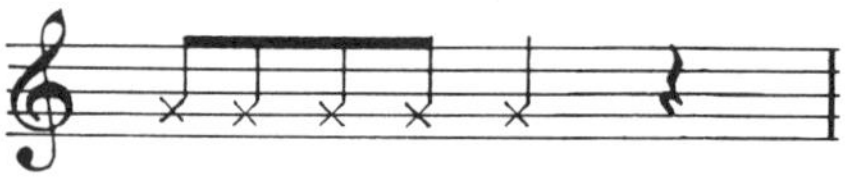 개 구 리 처 럼	 개구리 헤엄 동작
 얼 마 든 지 얼 마 든 지  헤 엄 칠 수 있 으 니 까	 크롤(자유형) 동작

11. 곤충 잡기

나는나는 여름이 제일좋아요   맴 맴 매미랑 고추잠자리
호랑호랑 호랑나비 방아깨비도   얼마든지 얼마든지 잡을수 있으니까

노 래 가 사	손 유 희
 나는나는 여름이 제일좋아요	 「여름이」할 때는 힘껏 껴안는 동작
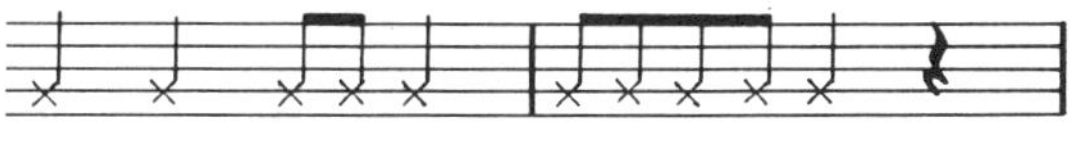 맴 맴 매미랑 고추잠자리	 맴맴 매미랑 잠자리 날개
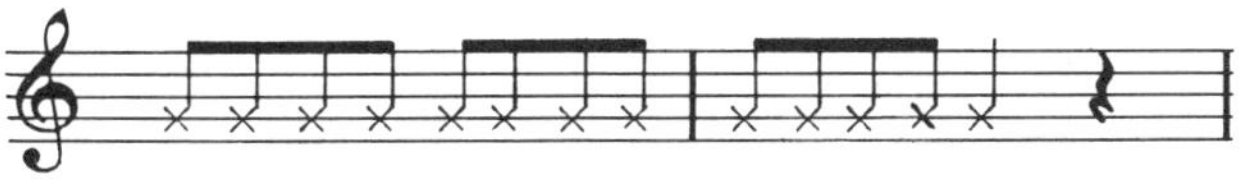 호랑호랑 호랑나비 방아깨비도	 훨훨 날기 3회. 손목 까딱 까딱 4회.
 얼마든지 얼마든지 잡을수 있으니까	 잠자리채로 곤충 잡는 동작

— 21 —

12. 가을 나뭇잎

시원한 가을이 돌아왔어요 산과 들에는
빨강잎 노랑잎 알록달록물들고 꽃잎들은한들한들
춤을추면서 가을이 왔다고 노래부르죠

13. 제비와 기러기

가을이 오면 제비식구 강남으로 이사 가고요 가을이 오면

기러기는 훨 훨 이사오지요 제비야 잘가라 기러기야 반갑다

노 래 가 사	손 유 희
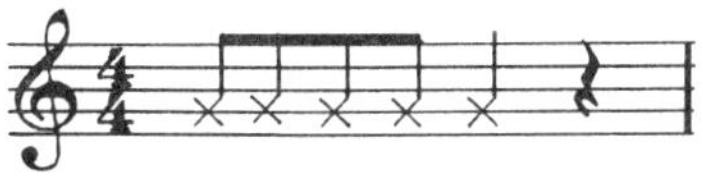 가을이 오면	 왼손은 왼쪽 어깨에 오른손은 오른쪽 어깨에
 제비식구 강남으로 이사 가고요	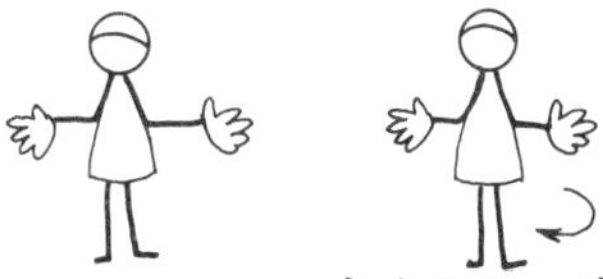 제비식구　　강남으로 이사 가고요
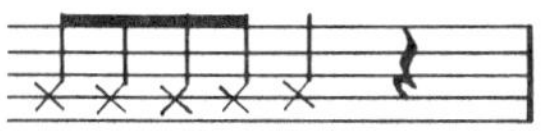 가을이 오면	 가을이 오면
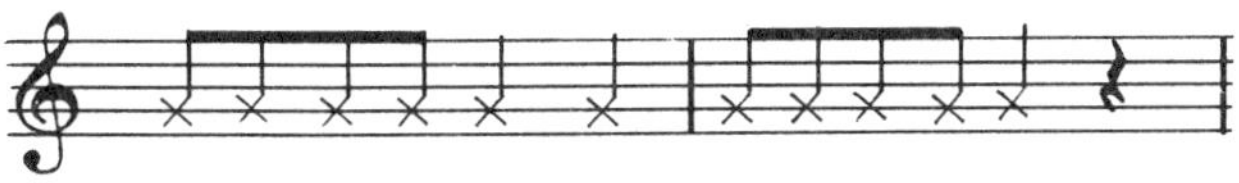 기러기는 훨 훨 이사오지요	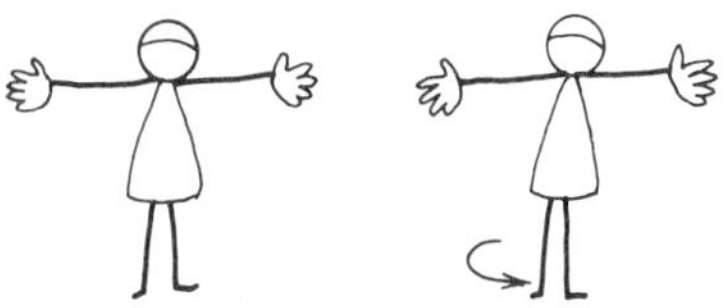 기러기는 훨훨　　이사 오지요
 제비야 잘가라 기러기야 반갑다	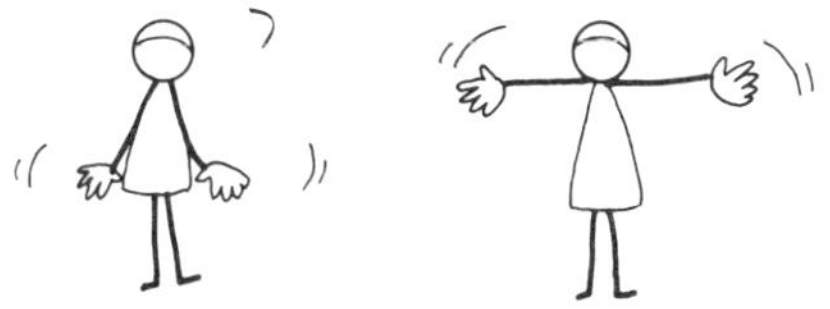 제비야 잘가라 기러기야 반갑다

14. 가을 옷

15. 제일 좋아요

16. 겨울의 왕자와 공주

노 래 가 사	손 유 희
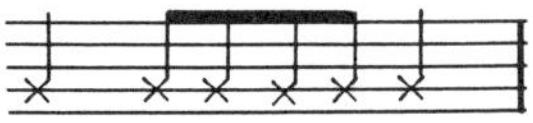 갓 청각미나리	 갓 청각 미나리
 모두모두한식구로 모인답니다.	 모두모두 한 식구로 모인답니다
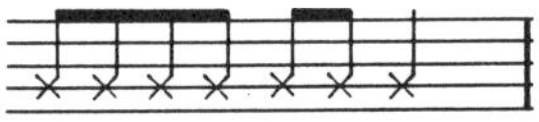 모두모두겨울의	 모두모두 겨울의
 왕 자와공주 라고 뻐긴답니다.	 왕자와 공주라고 뻐긴답니다

17. 차가운 겨울

차갑고 차가운 겨울이 오면 나무들은 모두 다
옷을벗어버리죠 개구리 도마뱀은 땅속집 찾아가죠

노 래 가 사	손 유 희
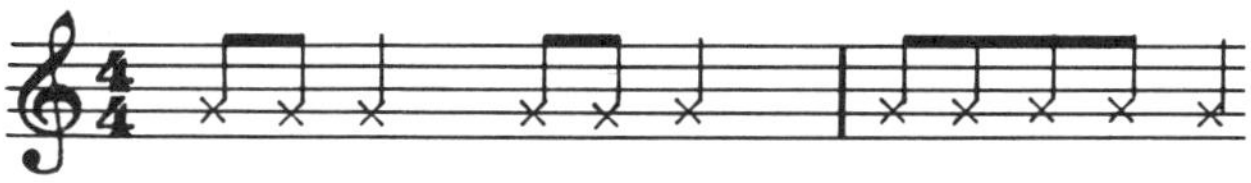 차갑고 차가운 겨울이 오면	 "호호" 부는 모양
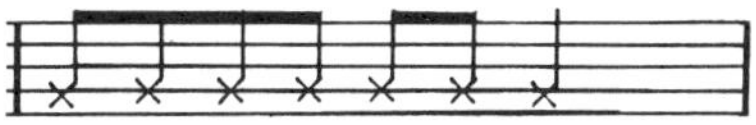 나무들은 모두 다	 나무 모양 만들기
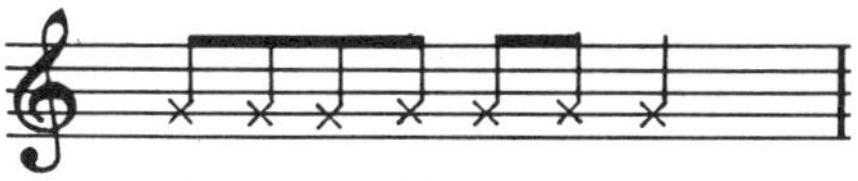 옷을벗어버리죠	
 개구리 도마뱀은	 왼손 오른손 식지
 땅속집 찾아가죠	 차례로 땅밑을 향해 들어가는 시늉

18. 하얀 눈

노 래 가 사	손 유 희
 하얀 눈이 펄 펄 소리없이 내리네	 하얀눈이 펄펄 소리 없이 내리네
 산에도 지붕에도	 산에도 지붕에도
 소복 소복 쌓이네	 소복소복 쌓이네
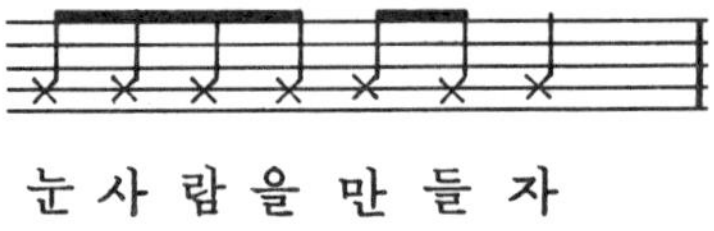 눈사람을 만들자	 눈사람을 만들자
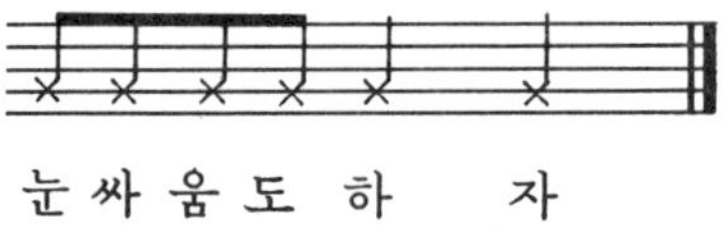 눈싸움도 하 자	 눈싸움도 하자

19. 겨울 놀이

나는나는 겨울이 참 좋아요 썰매타기미끄럼 스케트 눈싸움

팽이치기 연날리기 엄마눈사람만들기도 너무너무 재밌죠 정말정말 신나죠

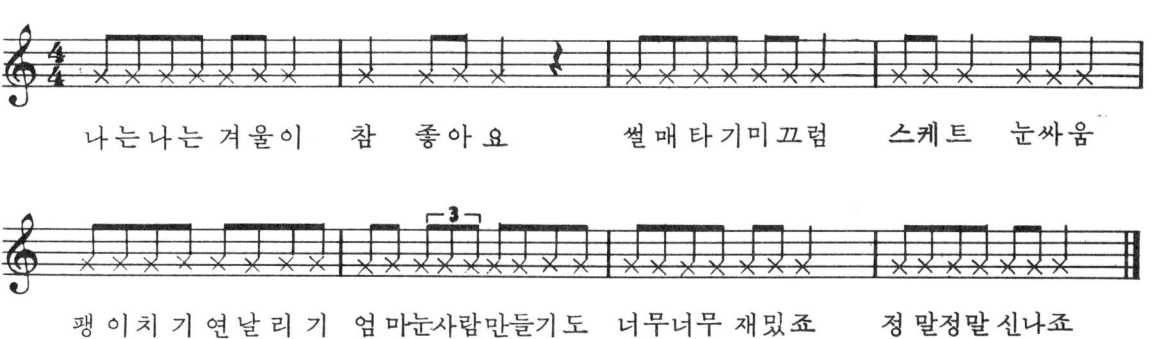

노 래 가 사	손 유 희
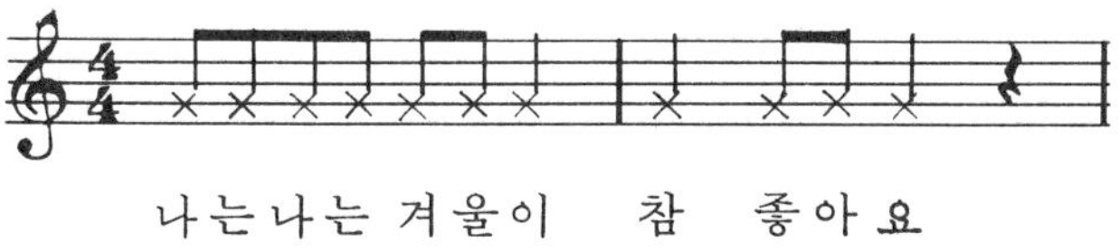 나는나는 겨울이 참 좋아요	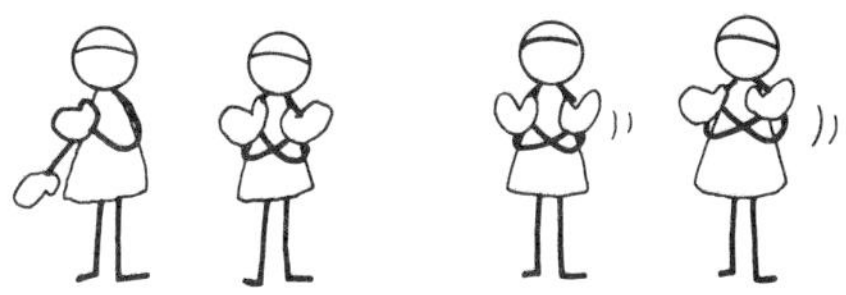 가슴 포개기 가슴치기 3회
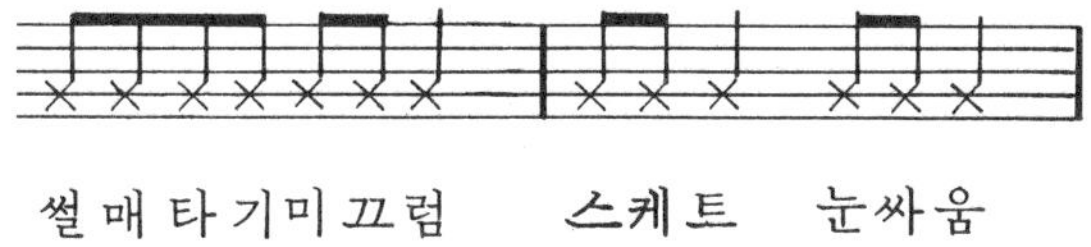 썰매타기미끄럼 스케트 눈싸움	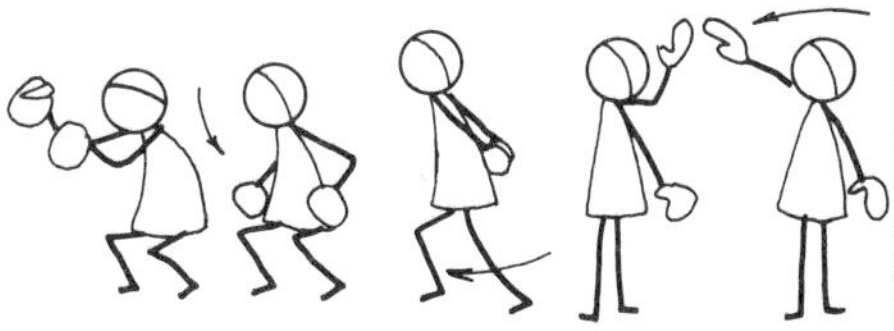 썰매타기 미끄럼 스케트 눈싸움
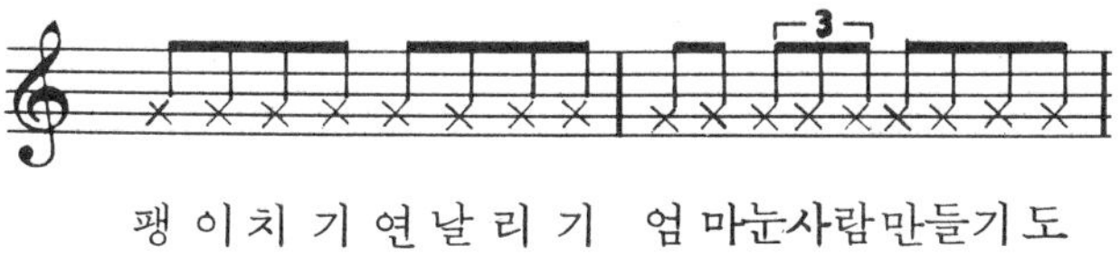 팽이치기 연날리기 엄마눈사람만들기도	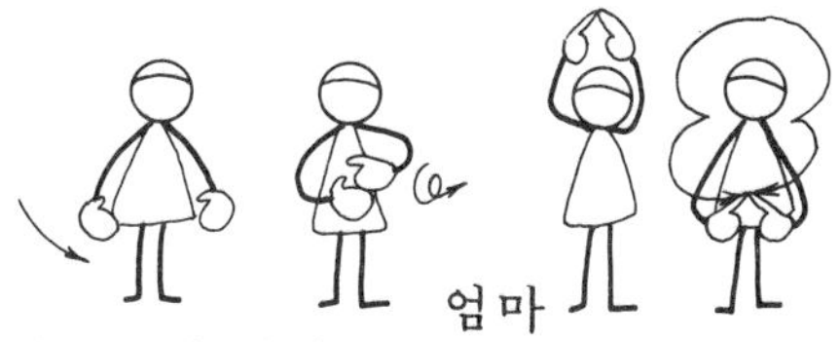 팽이치기 연날리기 엄마 눈사람 만들기도
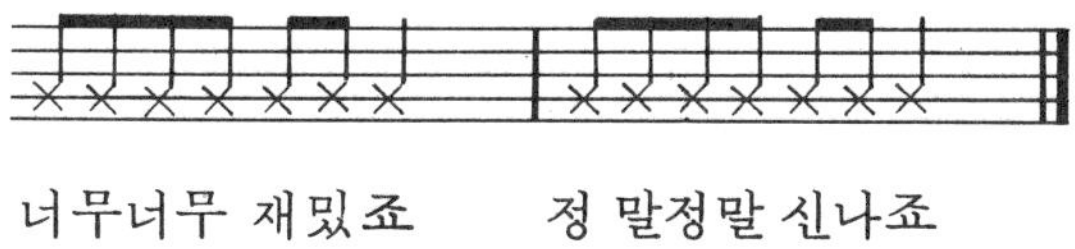 너무너무 재밌죠 정말정말 신나죠	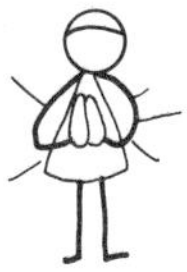 손뼉치기

20. 개구리의 노래

개 구 리 의 노 래 가 들 — 리 어 온 — 다

개 굴 개 굴 개개 개 개개 개개개 개 구 리

노 래 가 사	손 유 희
 개 구 리 의 노 래 가	 무릎치기 1회씩 허리를 펴며 양손 펴는 동작
 들 — 리 어 온 — 다	 들리어 온다
 개 굴 개 굴	 손뼉치기 4회
 개 개 개 개개 개개개 개 구 리	 무릎치기 왼손 오른손 교대로 4회 손뼉 3회

21. 구두장이 아저씨

22. 구두 맞추세요

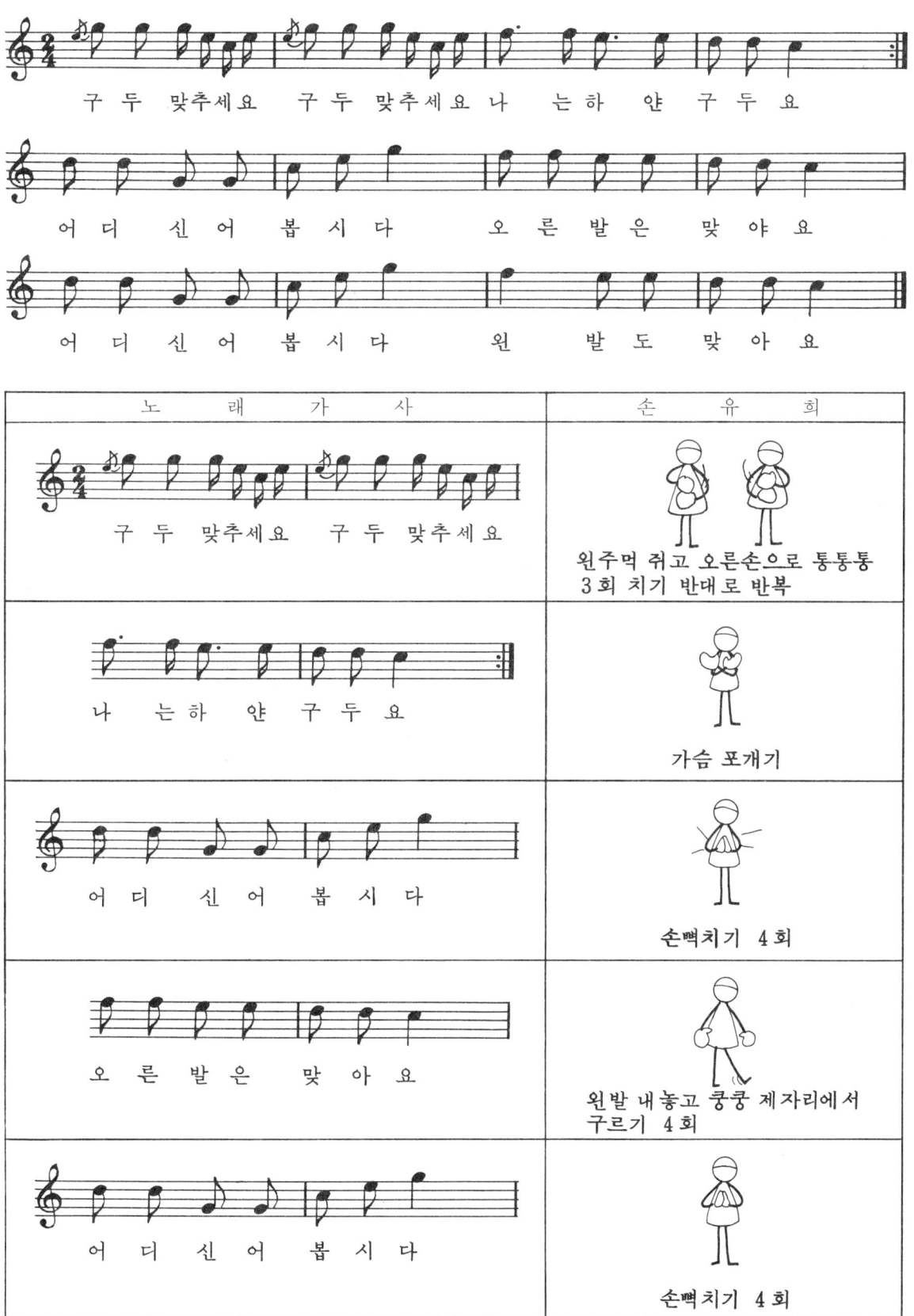

노 래 가 사	손 유 희
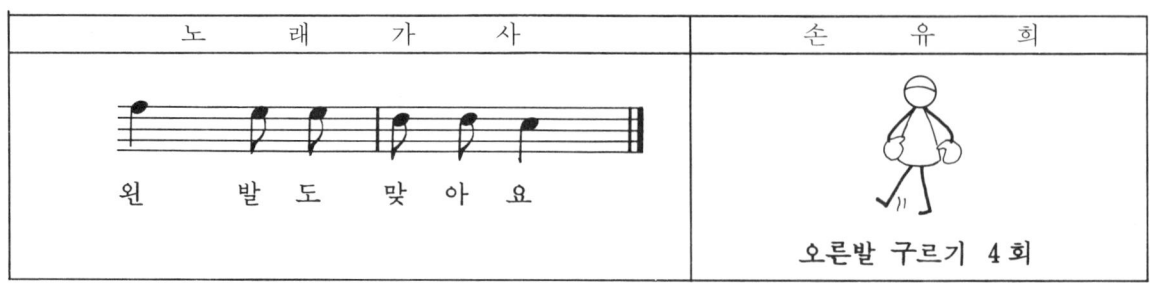 왼 발 도 맞 아 요	 오른발 구르기 4회

23. 기 차

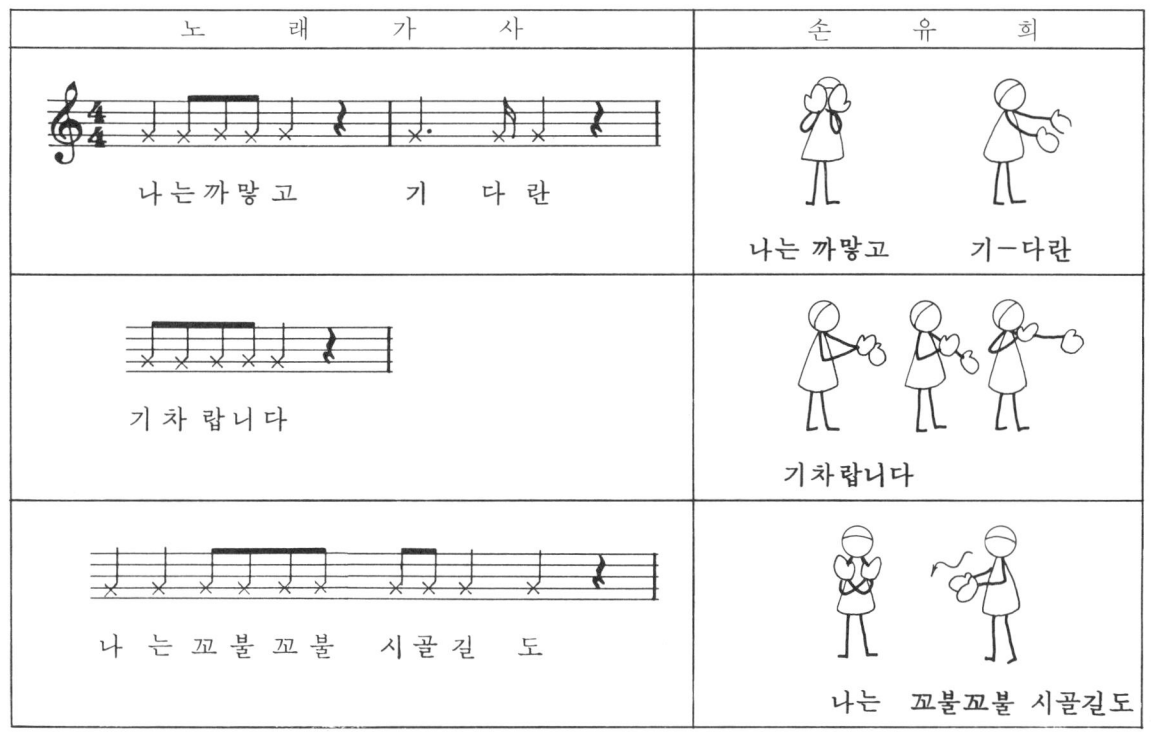

노 래 가 사	손 유 희
치 치 폭 폭 치 치 폭 폭	
쉬 지않고 달려 갑니다.	쉬지 않고 달려갑니다

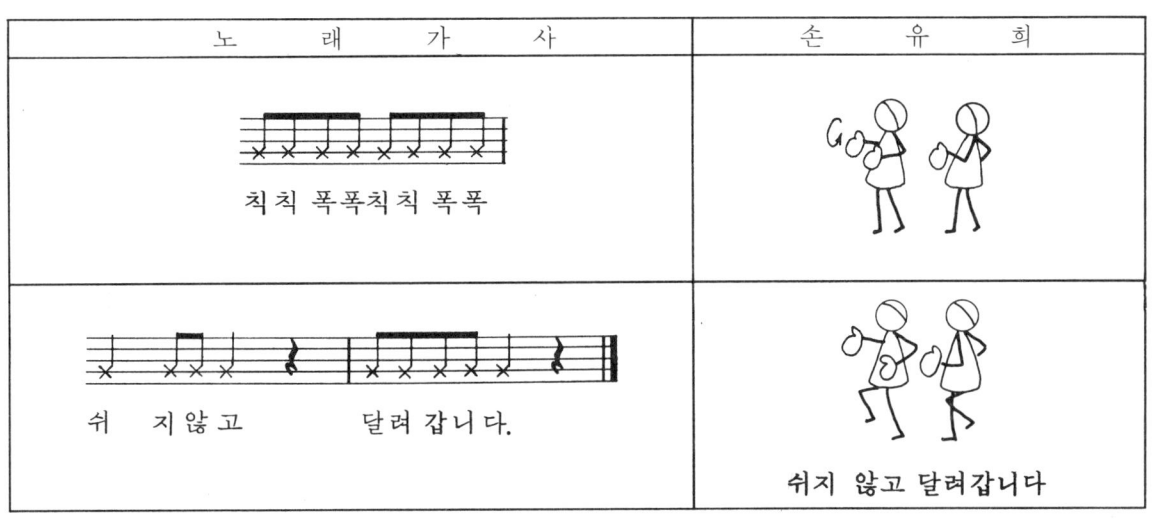

24. 꼬마도시락

예쁜네모난 꼬마도시락 빨간당근 노란달걀 파란시금치
하얀쌀밥에 까만콩이 들었네 예쁜 동그란- 꼬마도시락
김밥주먹밥 나란히 나란히 냠냠냠냠맛있게 감사합니다

| 노래가사 | 손유희 |

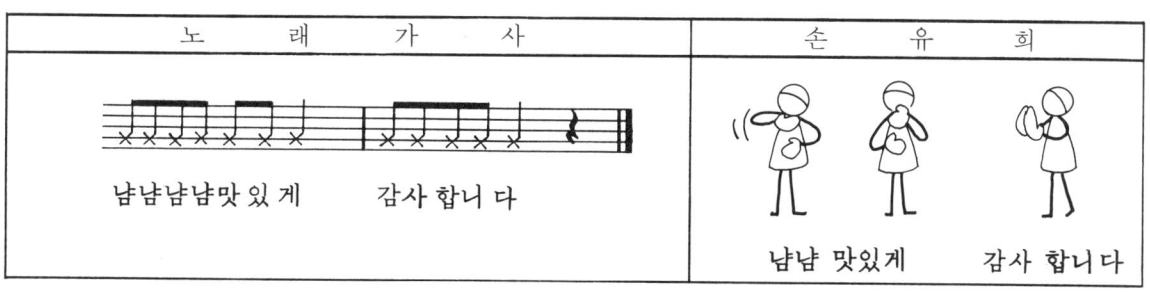

25. 꼬부랑 길 모퉁이

26. 노래하자 랄랄

노래하자 랄 랄 춤을추자 랄 랄 모 두 모 두 즐거웁게
빙 글 빙 글 둥 글 게 손을잡고 춤을추면
너 도 나 도 즐거웁게 하 하 하 하 호 호 호 호
왜 이 렇 게 신이 날까 하 하 하 하 후 후 후 후

노 래 가 사	손 유 희
 노래하자 랄 랄 춤을추자 랄 랄	 무릎치기 손뼉치기 실꾸리 감기 2회씩
 모 두 모 두 즐거웁게	 주먹치기 딱딱소리 내기 2회씩
 빙 글 빙 글 둥 글 게	 모두 손을 잡고 원심으로 좁혀 들어간다.
 손 을 잡 고 춤을 추면	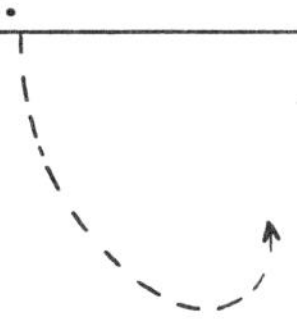 스킵으로 돈다 손을 잡고 춤을 추면

노 래 가 사	손 유 희
 너 도 나 도 즐거웁게	 너도 나도 즐거웁게
 하 하 하 하 호 호 호 호	 하하하하 호호호호
 왜 이 렇게 신이 날까	 왜 이렇게 신이 날까
 하 하 하 하 후 후 후 후	 하하하하 후후후후

27. 다섯 작은 아이

1. 한 작은 아 이 두 작은아 이 셋 작은 넷 작은 다섯 작은아 이
2. 작은 아이 집이 죠 귀 여운집이 죠 애기 창문다섯 개 - 조 그만창이 죠
3. 작은 아인본대 요 창문 으로본대 요 랄 랄랄랄 랄랄 노래 하며본대 요

노 래 가 사	손 유 희
 1. 한 작은아 이 두 작은아 이	
 셋 작은 넷 작은 다섯 작은아 이	왼손 다섯 손가락을 오른손 식지로 차례로 가리킨다.
 2. 작은 아이 집이 죠 귀 여운집이 죠	
 애기 창문다섯 개 - 조 그만창이 죠	 양손으로 집모양을 2회 그린다.
 3. 작은 아인본대 요 창문 으로본대 요	 왼손등 위에 오른손 바닥을 얹는다. 깍지끼고 까딱거린다.
 랄 랄랄랄 랄랄 노래 하며본대 요	 손가락 깍지 낀 채로 까딱까딱

28. 도레미 노래

노 래 가 사	손 유 희
 쏠 쏠 쏠 파 파 파	 쏠쏠쏠 　 파파파
 미 미 미 레 레 레	 미미미 　 레레레
 도 도 도련님이 머리위-에	 도도 도련님의 　 머리 위에
 떼굴떼굴떼굴떼굴 떨어집니다	 떼굴떼굴 떼굴떼굴 　 떨어집니다

29. 토 마 토

○ 토마토의 낱말로 노래 끝까지 부르며 손가락과 리듬 놀이하며 노는 놀이이다. 위에서 부터 읽어도 밑에서 부터 읽어도 꼭같은 낱말(토마토)이 되기 때문에 어린이들이 즐겁게 익힐 수 있다.

30. 도깨비의 팬티

31. 둥둥다리 열렸다

노 래 가 사	손 유 희
 닫혔다 닫혔다	
 둥 둥다리 닫혔 다	 둥둥다리 닫혔다
 도 련 님 아 (둥 둥) (두 둥)	 도련님아 둥둥두둥

※「아가씨야 도련님아」는
굴다리 지나기 놀이 할 때
굴속에 잡는 놀이이다.

32. 머리 어깨 무릎 발

① 속도를 빠르게, 느리게 해보며 즐긴다.
② 머리, 어깨, 무릎 「발」 대신 「뽕」을 넣어서 불러도 재미있다.
※ 뽕, 빵, 뚱, 등 응용해서 논다.
　「뽕」 할 때는 박수 1회 친다.

33. 빨 래

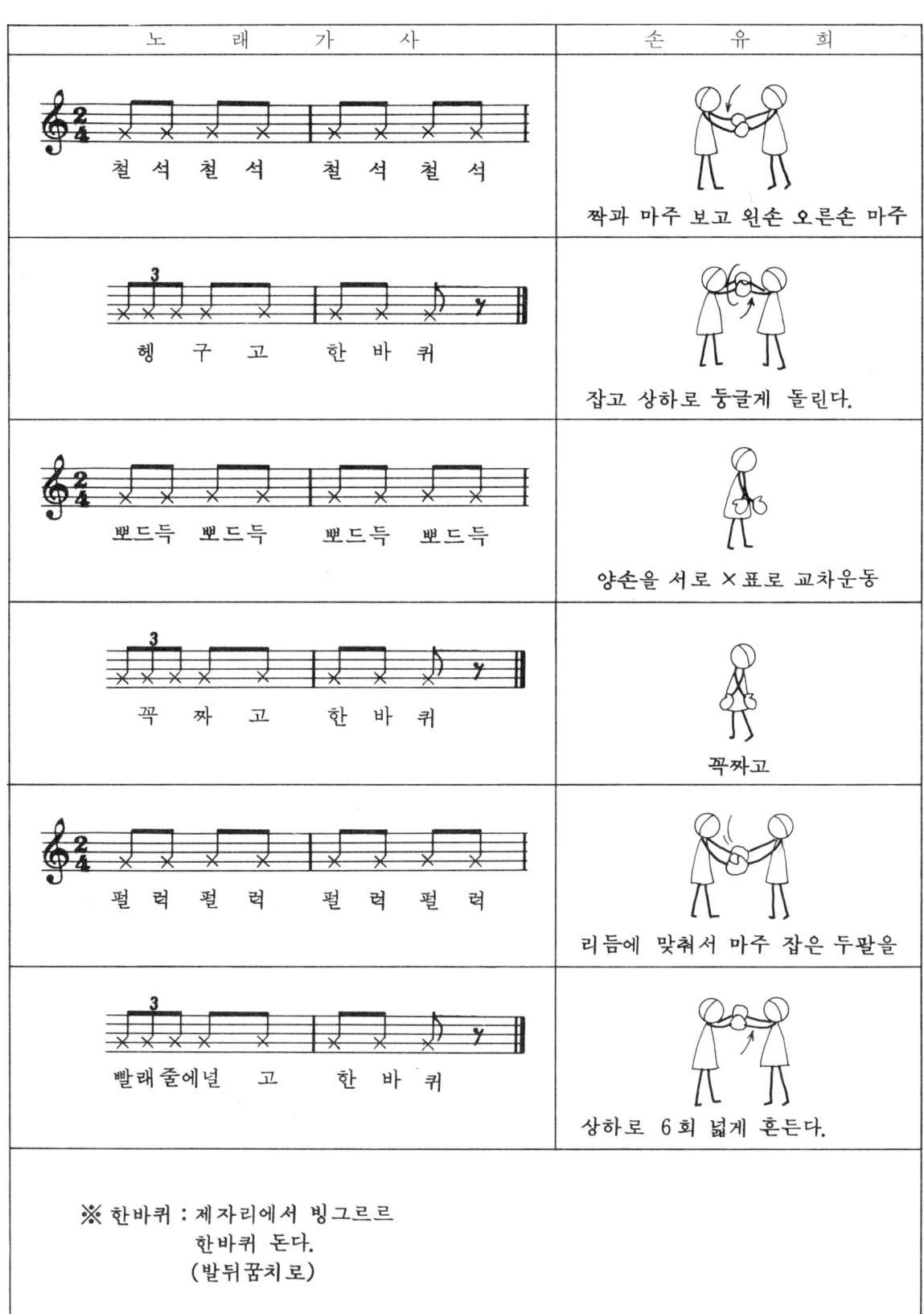

34. 뱅글뱅글 돌아서

35. 비행기

내 이름은 여객기 하늘의 왕자 미국 일본 영국 불란서
동남아 구라파 어디든지 먼 먼 나라 구경하고 다니죠
내 이름은 전투기 하늘의 독수리 우리나라 하늘을 매일 지키죠

노 래 가 사	손 유 희
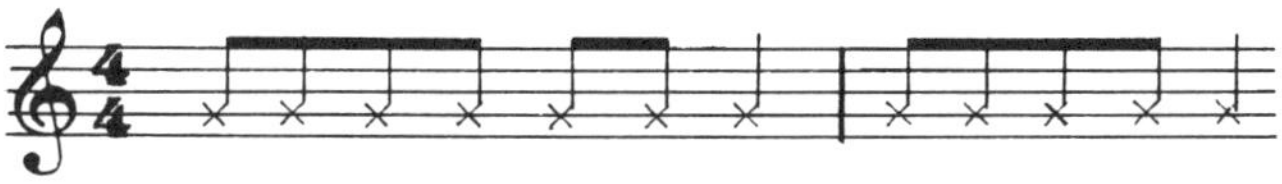 내 이름은 여객기 하늘의 왕자	 내 이름은 여객기 하늘의 왕자
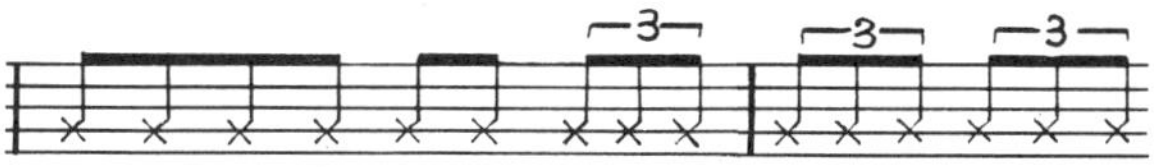 미국 일본 영국 불란서 동남아 구라 파	 미국, 일본, 영국, 불란서, 동남아, 구라파, 아프리카 대륙
 어디든지 먼 먼 나라	 먼—먼 나라
 구경하고 다니죠	 구경하고 다니죠

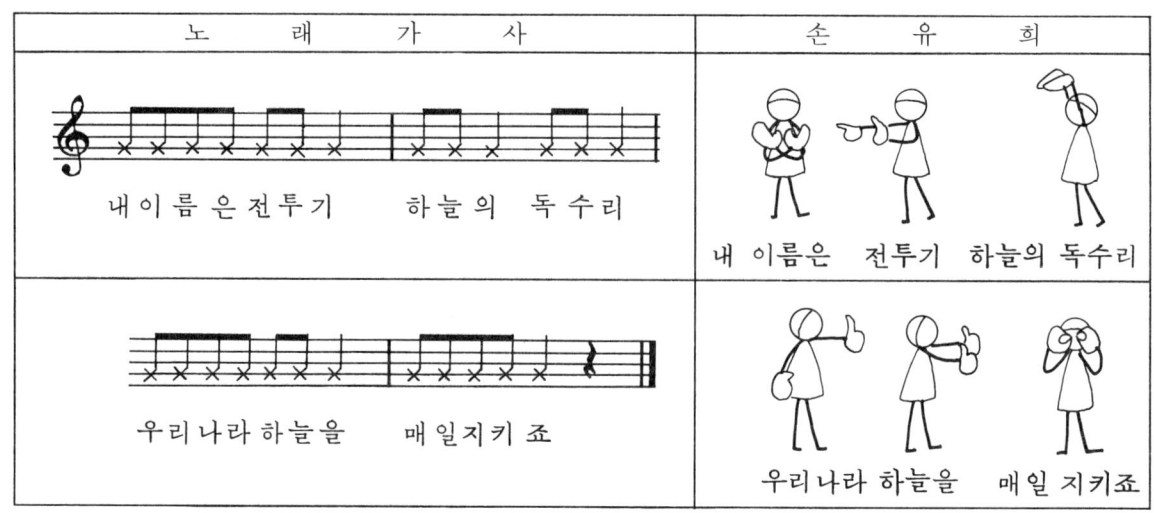

36. 산중호걸

산 중 호걸이라 하는 호랑님의 생일날이되어
각색짐승 공-원에모여 무도회가 열렸네
토 끼는 춤 추 고 여 우 는 바이올린
그 중에 한놈이 잘난체 하-면서
찐 짠 찌가찌가찐 짠 찐 짠 찐 짠 하더라
까 불 까불까불까불 까 불 까 불 하더라

노 래 가 사	손 유 희
산 중 호걸이라 하는	산 중 호걸이라 하는
호 랑 님 의 생일날이되 어	호랑님의 생일날이 되어
각 색 짐 승 공-원에모 여	각색 짐승 공원에 모여

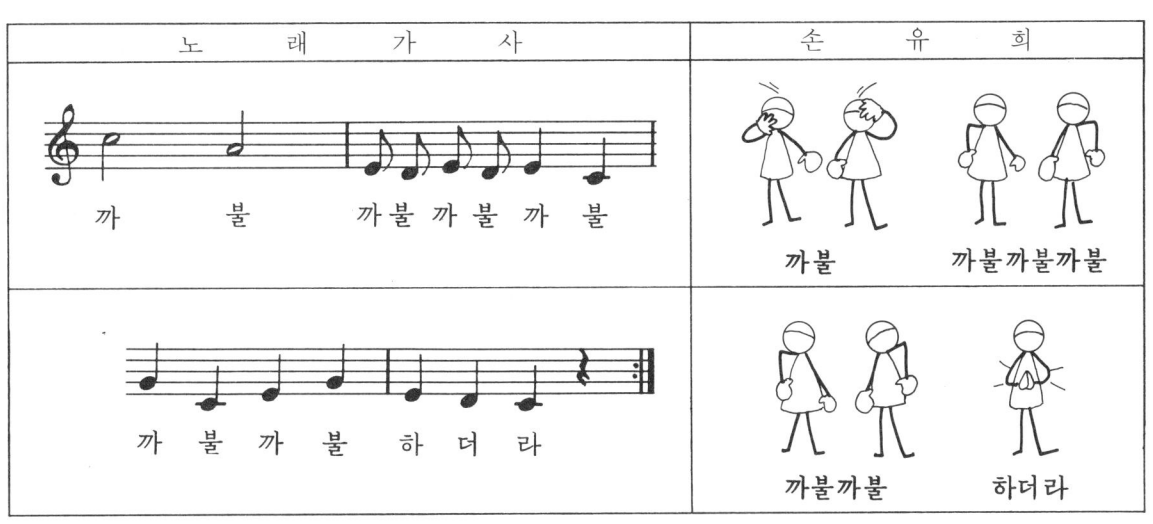

37. 손가락 체조

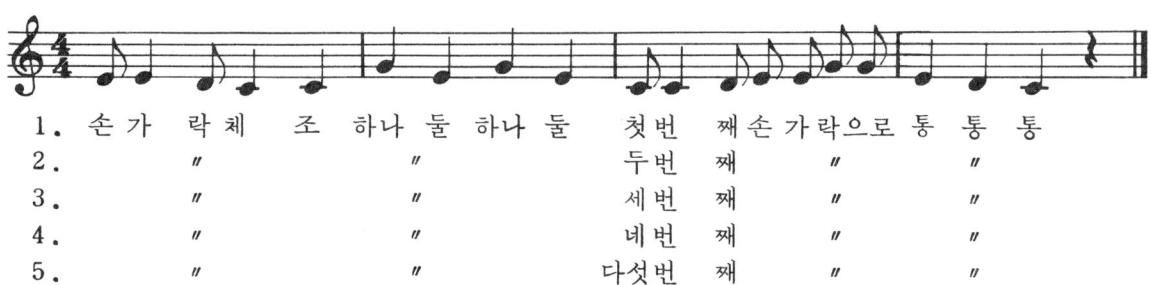

1. 손가락체조 하나둘 하나둘 첫번째 손가락으로 통통통
2.   〃   〃   두번째   〃   〃
3.   〃   〃   세번째   〃   〃
4.   〃   〃   네번째   〃   〃
5.   〃   〃   다섯번째 〃   〃

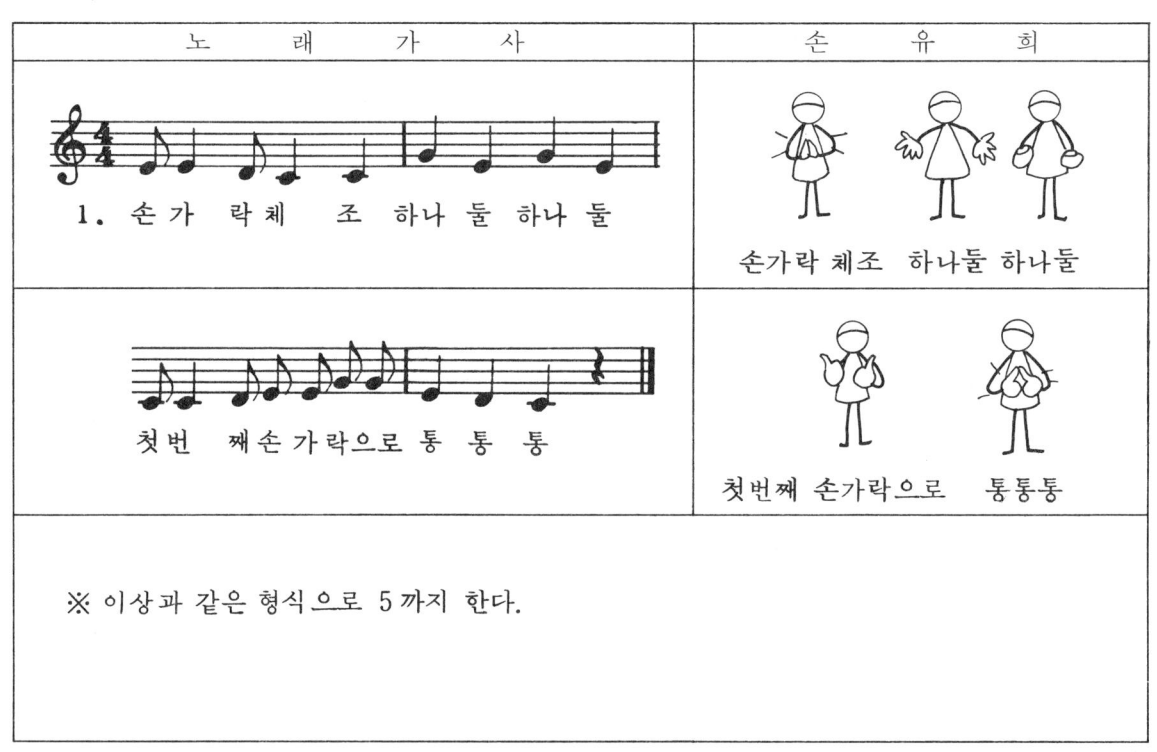

※ 이상과 같은 형식으로 5까지 한다.

38 새앙쥐가 나타났다(1)

새 - 앙 쥐 가 　 나 - 타 났 다 　 새 - 앙 쥐 가 　 나 - 타 났 다

뚱 뚱한마누라뛰어와서 새 앙쥐꼬리를잘랐 네 아 - 웃 읍 다
훌 쭉한

노 래 가 사	손 유 희
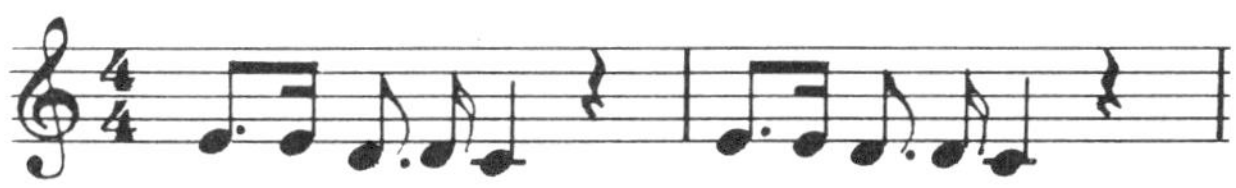 새 - 앙 쥐 가 　 나 - 타 났 다	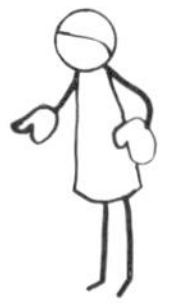
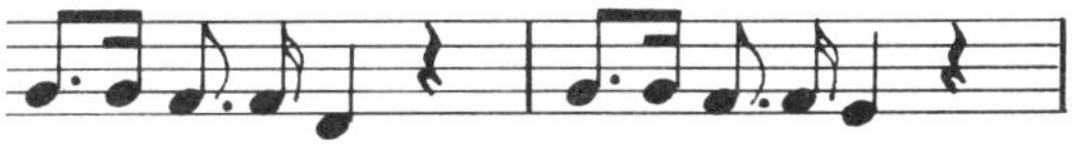 새 - 앙 쥐 가 　 나 - 타 났 다	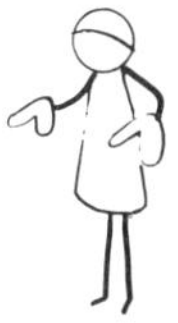
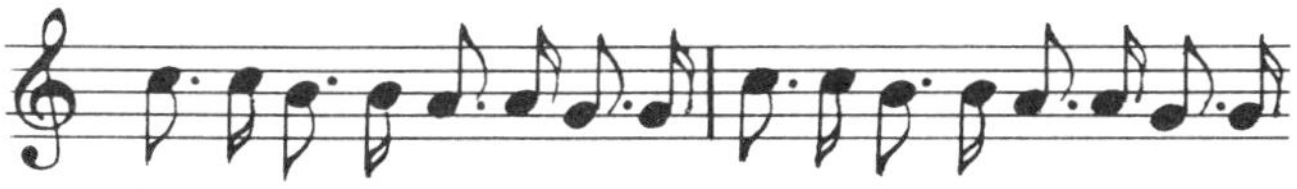 뚱 뚱한마누라뛰어와서 새 앙쥐꼬리를잘랐 네 훌 쭉한	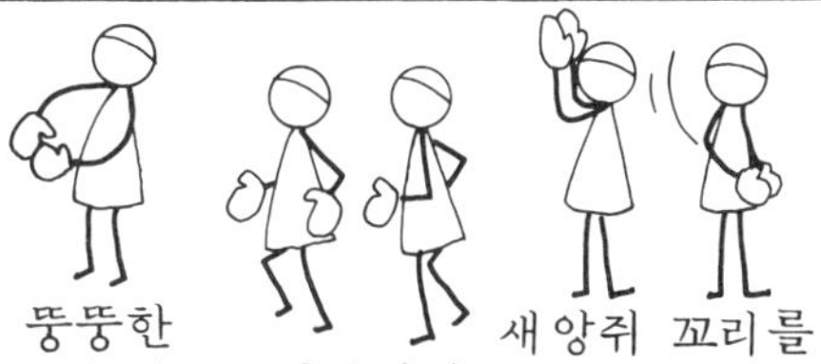
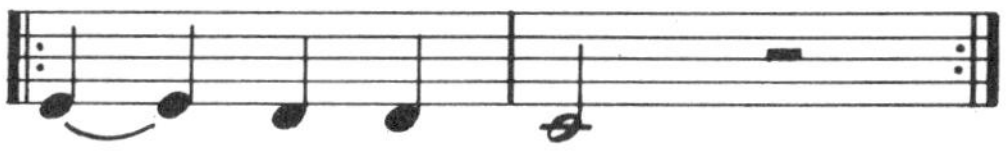 아 - 웃 읍 다	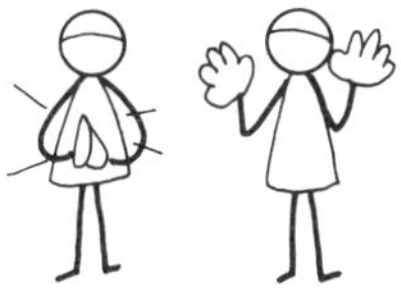

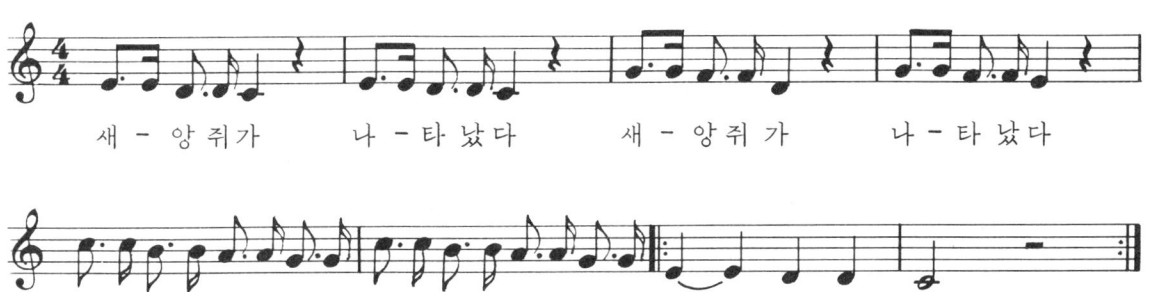

※ 응용 : 훌쭉한 마누라
들창코 마누라
깨곰보 마누라

39. 새앙쥐 한 마리(2)

새앙쥐한 마리 새앙쥐한마리 구 - 멍 에서 나 - 타 났다

찍 찍찍 찍 찍찍찍 찍 찍 찍찍 찍 찍찍찍 찍 시끌시끌하 구 나

노 래 가 사	손 유 희
 새앙쥐한 마리 새앙쥐한마리	 새앙쥐 한 마리
 구 - 멍 에서 나 - 타 났다	 구멍에서 나타났다
 찍 찍찍 찍 찍찍찍 찍 찍 찍찍 찍 찍찍찍	 찍찍………
 시끌시끌하 구 나	 양손의 엄지 장지를 움직이면서 뒤로 보낸다.

40. 세 식구

아빠곰은- 뚱뚱보 엄마곰은- 날씬해
애기곰은- 아주작아 랄랄랄 재미있는
세 식 구 랄랄랄 곰- 세 식 구

노 래 가 사	손 유 희
 아빠곰은- 뚱뚱보	 좌우로 흔들기하며 배불뚝이 시늉
 엄마곰은- 날씬해	 엄마곰은 날씬해
 애기곰은- 아주작아	 ×자 형식으로 손뼉치는 동작
 랄랄랄 재미있는	 랄랄랄 재미있는

노 래 가 사	손 유 희
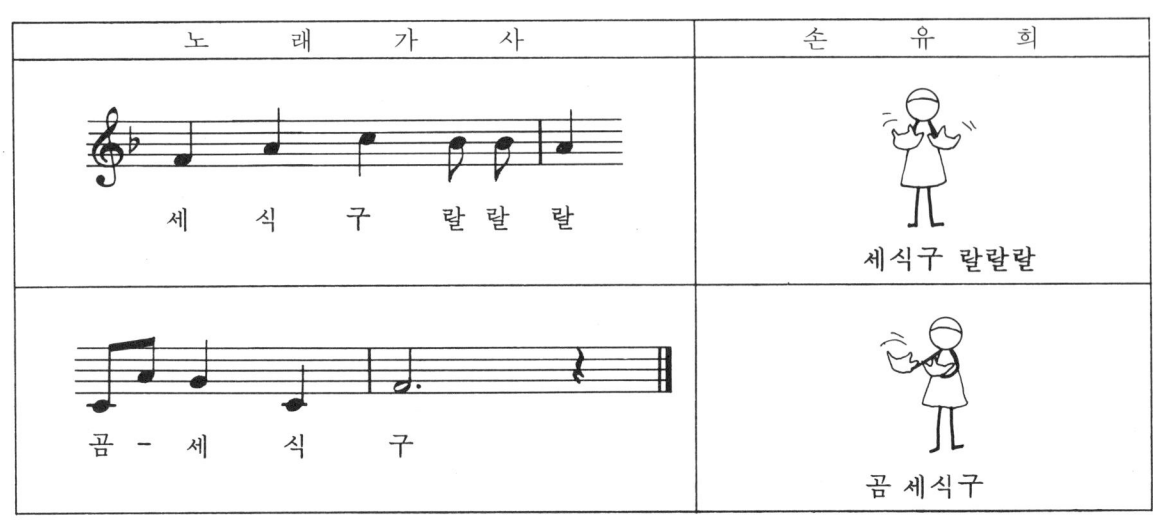	

41. 순이 강 건너 가요

순 이 강건너가 요 순 이 강건너가 요
순 이 강건너가 다 풍 당 빠 졌 네

노 래 가 사	손 유 희
 순 이 강건너가 요	 왼손바닥 펴고
 순 이 강건너가 요	 손바닥 위를 걷는 동작
 순 이 강건너가 다	 순이 강건너 가다
 풍 당 빠 졌 네	 풍당 빠졌네

※ 응용 : 순이 대신 복남이 바둑이 송아지 새앙쥐 등………
　놀이방법 : 두사람이 굴다리 만들고 전원은 기차대형으로 앞사람의 어깨를 잡고
　　음악에 맞춰 진행하다가 「풍당 빠졌네」 할 때 잡는 놀이.
　　잡힌 사람은 따로 앉게 한다.

42. 심술꾸러기 고릴라

심 술 꾸러기 고릴라가 와 우 와 우
두 리 번 두 리 번 이를 갈 — 며
잡 으러온다 이 크 무서워 도
망 가 야 지 붙잡 히면 큰일 — 입니다

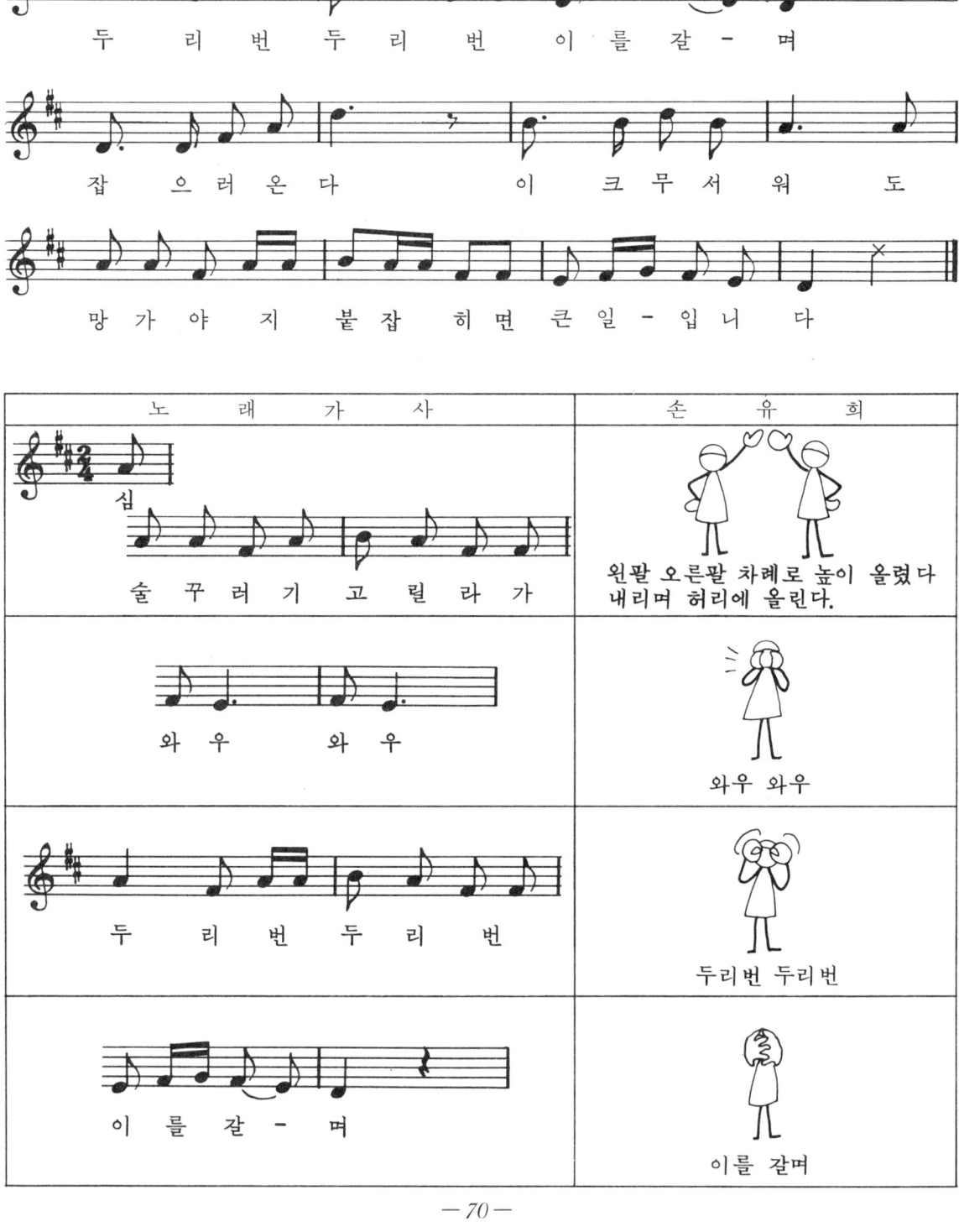

노 래 가 사	손 유 희
심 술꾸러기 고릴라가	왼팔 오른팔 차례로 높이 올렸다 내리며 허리에 올린다.
와 우 와 우	와우 와우
두 리 번 두 리 번	두리번 두리번
이를 갈 — 며	이를 갈며

노 래 가 사	손 유 희
 잡 으러 온다	 잡으러 온다
 이 크 무서워	 오른발을 앞에 내놓고 팔을 크게
 도망가야지 붙잡히면	 흔들며 달리기 4회. 붙잡히면
 큰일 - 입니다	 큰일입니다

43. 세마리 돼지

44. 암탉 한 마리

1. 암탉 한마리가 산 보할때   커다란돌맹이에 부딪쳤지요
2. 〃 두마리가   〃   〃
3. 〃 세마리가   〃   〃
4. 〃 네마리가   〃   〃
5. 〃 다섯마리가 〃   〃

꼬꼬꼬꼬댁   꼬꼬꼬꼬댁   꼬꼬꼬꼬댁   울었읍니다.

노래가사	손유희
1. 암탉 한마리가 산 보할때	양손 식지를 좌우로 리듬에 맞춰 흔든다.
커다란돌맹이에 부딪쳤지요	커다란 돌맹이에 부딪쳤지요
꼬꼬꼬꼬댁 꼬꼬꼬꼬댁	꼬꼬꼬꼬댁
꼬꼬꼬꼬댁 울었읍니다.	양쪽 허벅지 치기 울었읍니다

45. 오리 놀이

46. 올라간 눈 내려간 눈

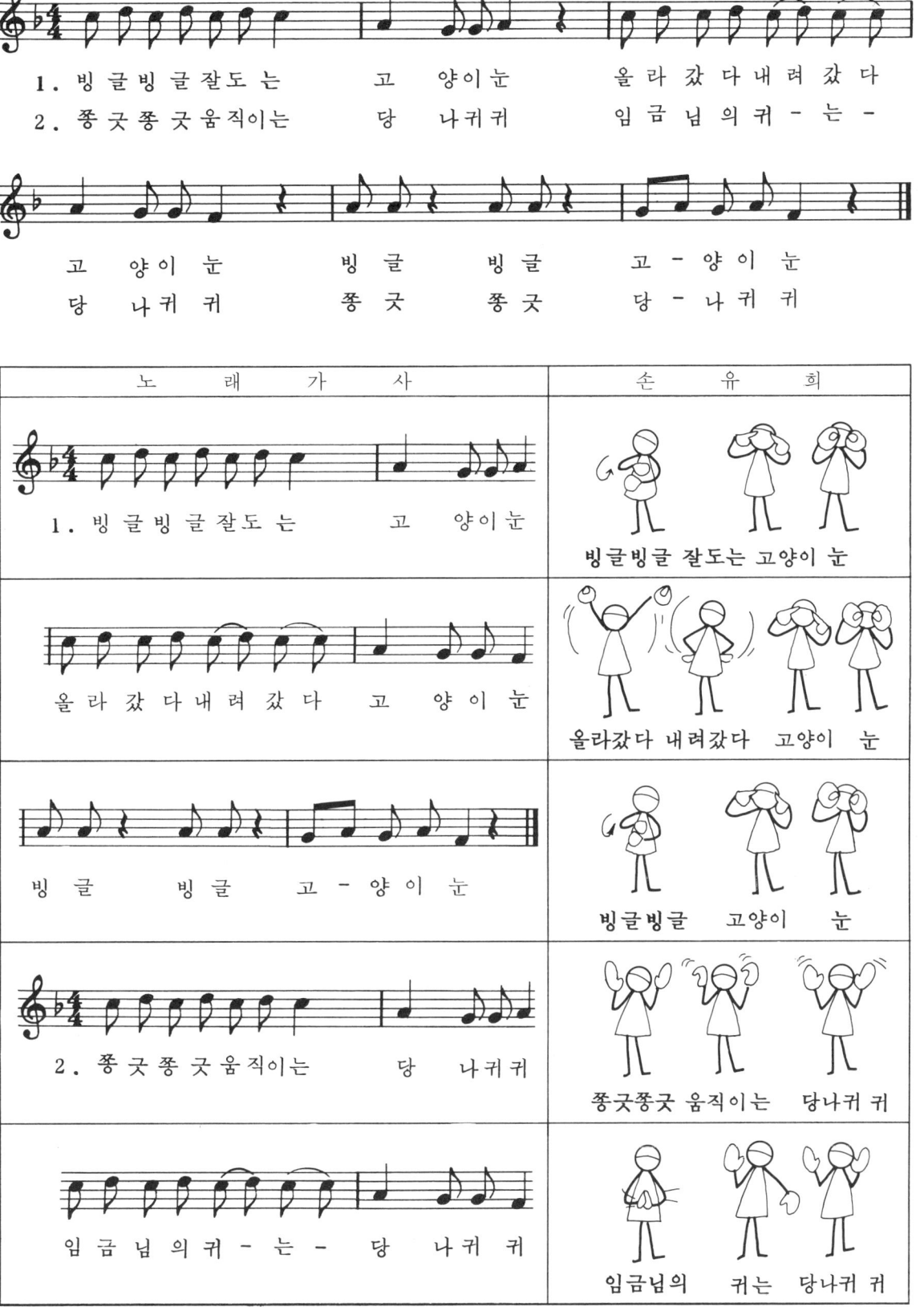

47. 엄지야 춤추자

노 래 가 사	손 유 희
엄지야 엄지야 춤 추 자	엄지야 엄지야 춤추자
 엄지야 엄지야 춤 추 자	
  여 럿 이 다 - 같 이	여럿이 다 같이
 춤 추 자	 춤추자

※ 응용 : ① 엄지야 애기야 머리야 춤추자
        ② 엄지야 애기야 머리야 궁둥이야 춤추자
    가사에 따라 그대로 모손을 쓰면 된다.

48. 와시 와시

와 시 와 시 목 간 통　대문안에절 구　　통

대 문 밖 에 쓰 레 기 통　먹다남은수 박　　통

노 래 가 사	손 유 희
 와 시 와 시 목 간 통	  와시와시　　목간통
 대문안에절 구　　통	 대문 안에　　절구통
 대 문 밖 에 쓰 레 기 통	 대문 밖에　　쓰레기통
 먹다남은수 박　　통	 먹다 남은　　수박통

※ 1절은 「통」자를 빼고 노래한다.
　2절은 「통」자 앞에 붙은 낱말을 빼고 부른다.
　3절은 「통」만 부르고 다른 부분은 동작만 한다.

49. 이상한 기차

이상하게 생긴 기차가 칙칙폭폭 달려오는데
그- 꼴이 웃읍구나 하 하 하 연통은 하나없고 머리만있네
〃 〃 창문은 하나없고 두손만있네
〃 〃 바퀴는 하나없고 다리만있네

노 래 가 사	손 유 희
 이상하게 생 긴 기 차 가	 이상하게 생긴 기차가
 칙 칙 폭 폭 달려오는데	 줄을 잡아 당기듯 2회. 달려오는데
 그- 꼴이 웃읍구나 하 하 하	 그 꼴이 우습구나 하하하
 연 통은 하나없고 머리 만있네	 연통은 하나없고 머리만 있네
※ 2절  창문은 하나없고 반짝 반짝	3절  바퀴는 하나없고 쿵쿵

50. 이웃집 순이

51. 채소가게

채 소 가게에 가-봅시다 - - - 채 소 가게에 가- 봅시다

채 소 가게에 가-면   무엇무엇 있을까   도 마 도   도 마 도   아 - 아
                                    양 배 추   양 배 추
                                    오   이   오   이

※ 응용 〔예〕
  ① 과수원에 가봅시다.
     과수원에 가면 무엇 무엇 있을까
◎ 사과, 복숭아, 딸기, 배, 감……
  ② 바다에 가봅시다.
     바다에 가면 무엇 무엇 있을까
◎ 갈치, 고등어, 아지, 오징어, 문어, 낙지, 고래, 상어, 꽃게……미역 등
  ③ 동물원에 가봅시다.
     동물원 가면 무엇 무엇 있을까
◎ 호랑이, 코끼리, 사자, 원숭이, 여우, 곰, 기린, 물개, 낙타……아는 대로
  ④ 백화점에 가봅시다.
     백화점에 가면 무엇 무엇 있을까
◎ 옷, 구두, 화장품, 그릇, 전기제품, 학용품, 장난감, 인형, 식료품, 가구,
   수예품, 시계, 금방………아는 대로

〈놀이방법〉
① 여럿이 다 같이 부른다.
② 대표 어린이가 좋아하는 채소, 과일, 동물, 생선 등 그 이름을 부르면 여럿이
   그 이름을 복창하고 「아아」는 그 부분을 동물인 경우 동물 소리를 크게 낸다.

52. 코끼리와 거미줄

1. 한 마리 코끼리가 거미줄에 걸렸네 신 나게 그네를 탔다네
2. 두 마리 〃   〃   〃   〃
3. 세 마리 〃   〃   〃   〃
4. 네 마리 〃   〃   〃   〃
5. 다섯마리 〃   〃   〃   〃

1~4. 너무너무 재미가 좋아좋아 랄랄랄 다른친구 코끼리를 불렀네
5. 너무 많은 코끼리가 올라 탔네 랄랄랄 그만그만 "툭"하고 끊어졌대요

노래 가사	손 유희
 1. 한 마리 코끼리가 거미줄에 걸렸네	 엄지를 까딱거리며 왼손 엄지에 끼운다.
 신 나게 그네를 탔다네	 엄지에 엄지를 끼우고 같이 흔든다.
 1~4. 너무너무 재미가 좋아좋아 랄랄랄	 끼운 채로 세게 흔든다.
 다른친구 코끼리를 불렀네	 점점 흔들며 등 뒤로 보낸다.

노 래 가 사	손 유 희
5. 너무 많은 코끼리가 올라 탔네 랄랄랄	리듬에 맞춰 좌우로 회전한다.
그만그만 "툭"하고 끊어졌대요	오른손 손바닥은 아래로 하고 "툭"

53. 쿵덕 쿵덕 쿵더쿵

54. 커다란 밭

55. 통통통통

1. 통 통 통 통 털보영감님   통 통 통 통 혹뿌리영감님
2. 도 도 도 도 무릎입니다   레 레 레 레 배꼽입니다

통 통 통 통 코주부영감님   통 통 통 통 안경영감님
미 미 미 미 가슴입니다   파 파 파 파 어깨랍니다

통 통 통 통 손을위-로   팔랑 팔랑 팔랑 팔랑 손을무릎에
쏠 쏠 쏠 쏠 머리랍니다   〃   〃

노 래 가 사	손 유 희
 1. 통 통 통 통 털보영감님	 주먹을 두드린다. 수염내려 쏠기
 통 통 통 통 혹뿌리영감님	 두손으로 혹을 만든다.
 통 통 통 통 코주부 영감님	 코 위에 두주먹을 갖다 댄다.
 통 통 통 통 안경 영감님	 안경 영감님

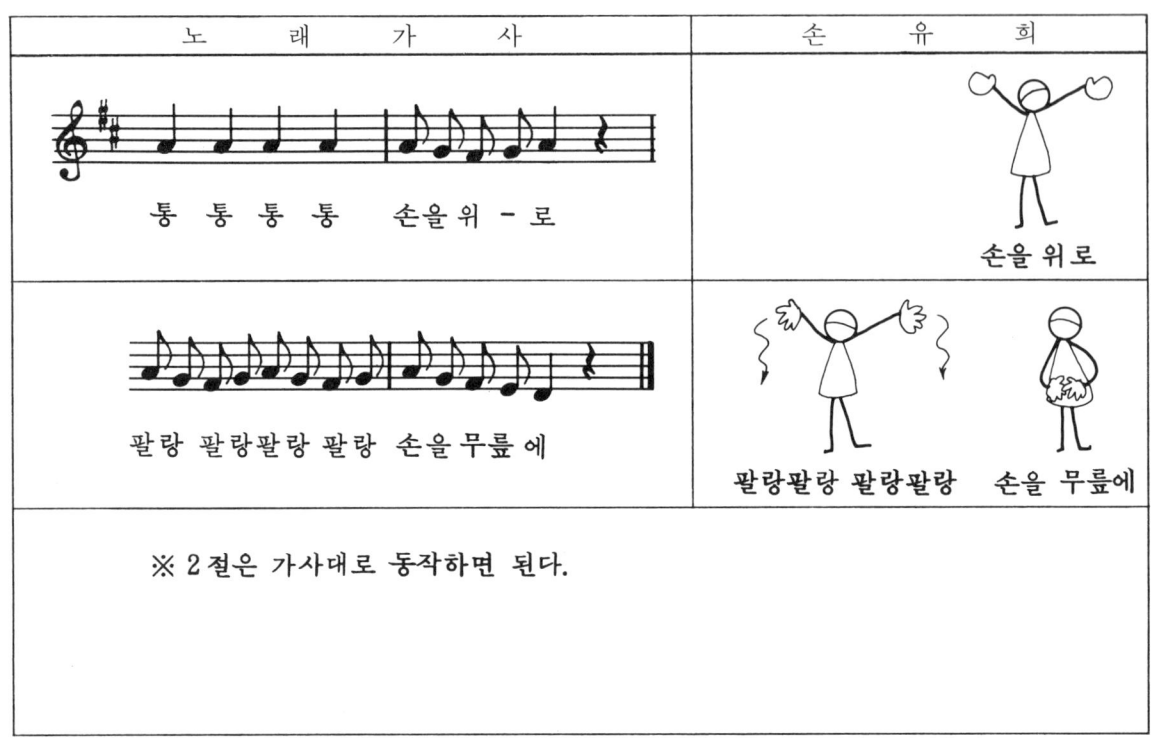

※ 2절은 가사대로 동작하면 된다.

56. 흔들흔들 짝짝

새로운 손유희 (속편)

「새로운 손유희」를 펴 낸후 틈틈이 아렌지멘트한 10여 가지 손유희를 더 엮어보았읍니다.

이 책을 새로운 보기로 하셔서 교사 여러분들도 동심이 되어 노래말과 곡에 맞추어서 새롭고 재미있는 창작 손유희로 교육에 이바지 하시기 바랍니다.

1983. 7.

엮은이

1. 앵 두

살랑살랑바람 솔솔불어오면 파 란앵두잎이 하늘거리죠

잎새 사이사 이 빨강빨강앵 두 방 글방글방글 숨바꼭질하죠

노 래 가 사	손 유 희
 살랑살랑바람 솔솔불어오면	 양손을 위로 올려 좌우로 흔든다.
 파 란앵두잎이 하늘거리죠	 양손을 아래로 내리고 물결처럼 움직인다.
 잎새 사이사 이 빨강빨강앵 두	 잎새 사이사이 빨간 앵두가
 방 글방글방글 숨바꼭질하죠	 좌우로 흔들다 얼굴을 가리고 덜썩 주저앉는다.

2. 떼굴떼굴

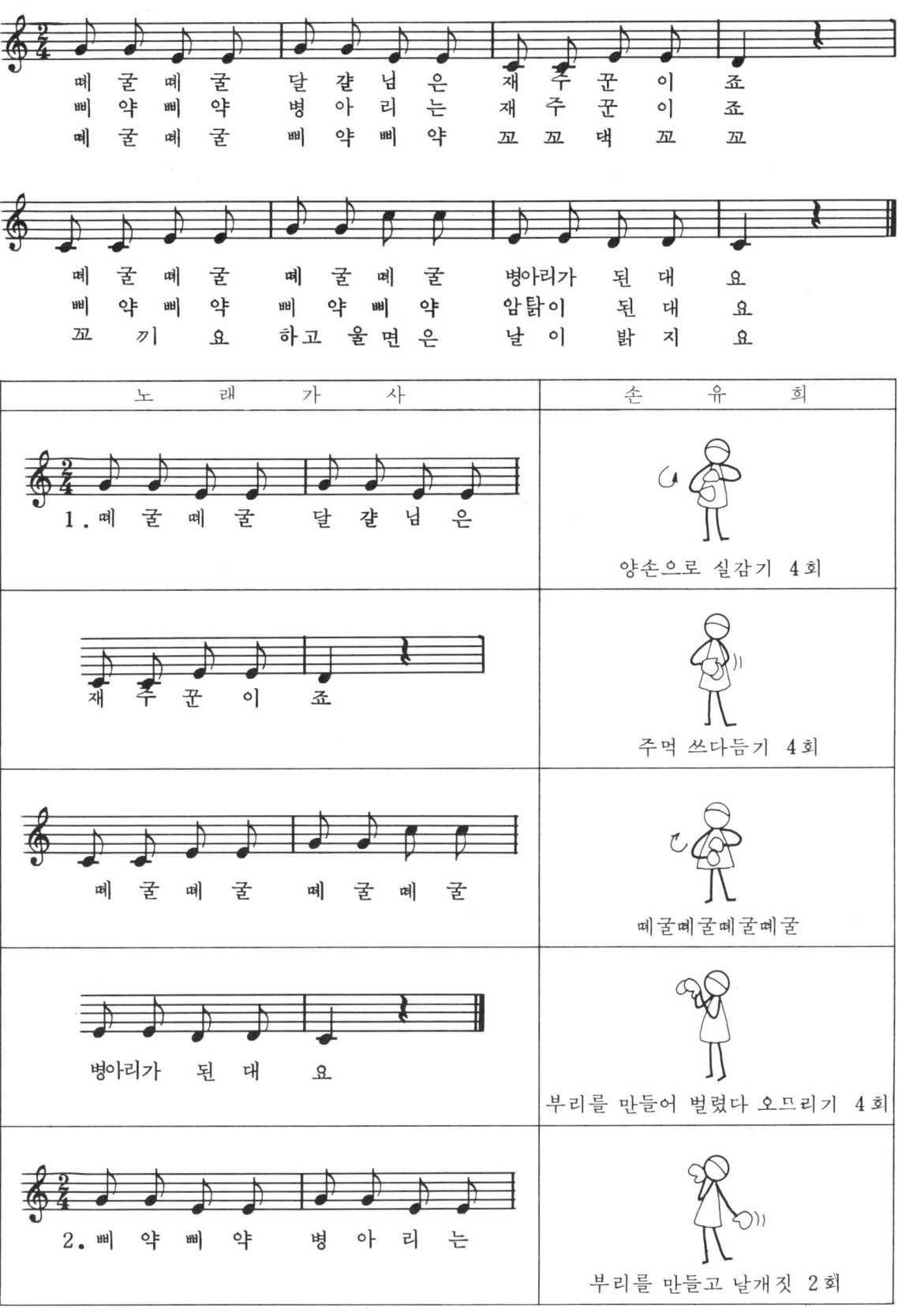

3. 채소들의 노래

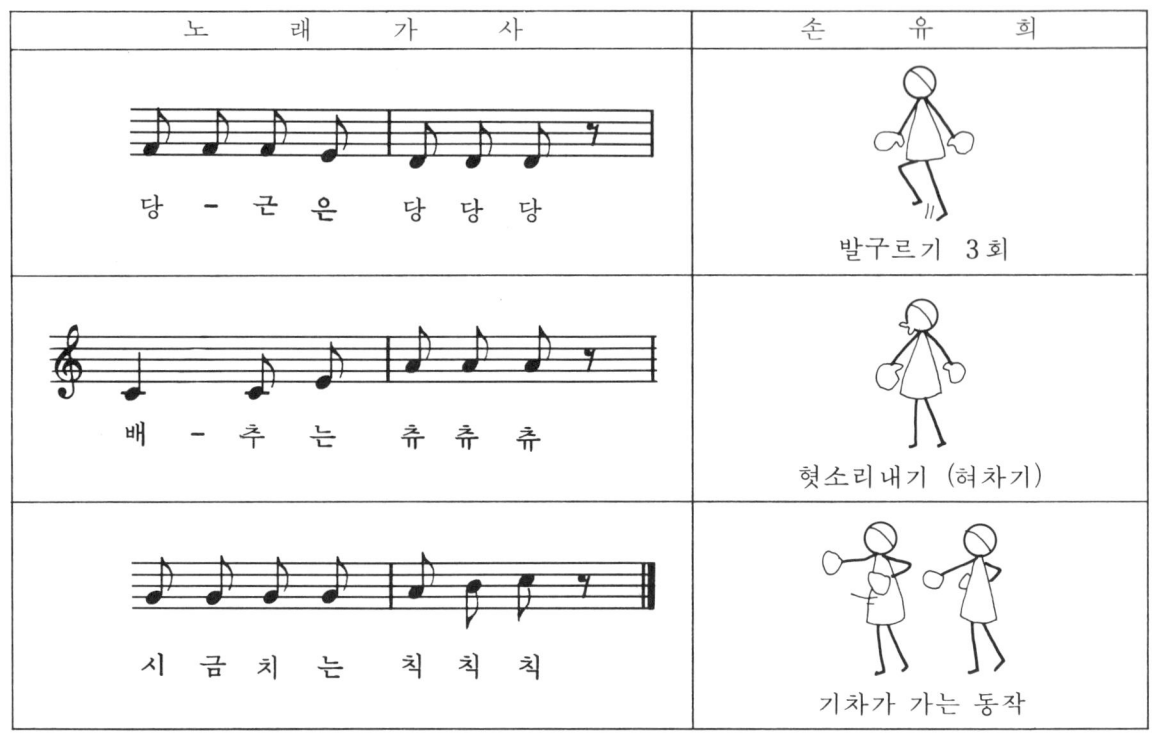

4. 벽시계

1. 째깍째깍춤추는 우리집시계   우리집시계   일곱시가되면은요
2. 째깍째깍춤추는 우리집시계   우리집시계   열두시가되면은요
3. 째깍째깍춤추는 우리집시계   우리집시계   세－시가되면은요
4. 째깍째깍춤추는 우리집시계   우리집시계   아홉시가되면은요

일어납시다   하나 둘 셋 넷   안－녕히주무셨어요
점심입니다   하나 둘 셋 넷   잘－－－먹겠읍니다
간식입니다   하나 둘 셋 넷   꿀꺽꿀꺽꿀꺽꿀꺽－
잠옷을입고   하나 둘 셋 넷   쿨－쿨－쿨－쿨－－

노 래 가 사	손 유 희
1. 째깍째깍춤추는 우리집시계	시계모양 만들고 혓소리내기 4회
우리집시계 일곱시가되면은요	일곱시가 되면은요
일어납시다	좌우로 흔들기 4회
하나 둘 셋 넷	하나, 둘, 셋, 넷

노 래 가 사	손 유 희
4. 째깍째깍 춤추는 　　우리집시계 　　우리집시계　　아홉시가 되면은요	아홉시가 되면은요
잠옷을 입고	옷을 입는 동작
하나　　둘 셋　　　넷　　쿨-쿨-쿨-쿨--	잠자는 모양

5. 벌거숭이

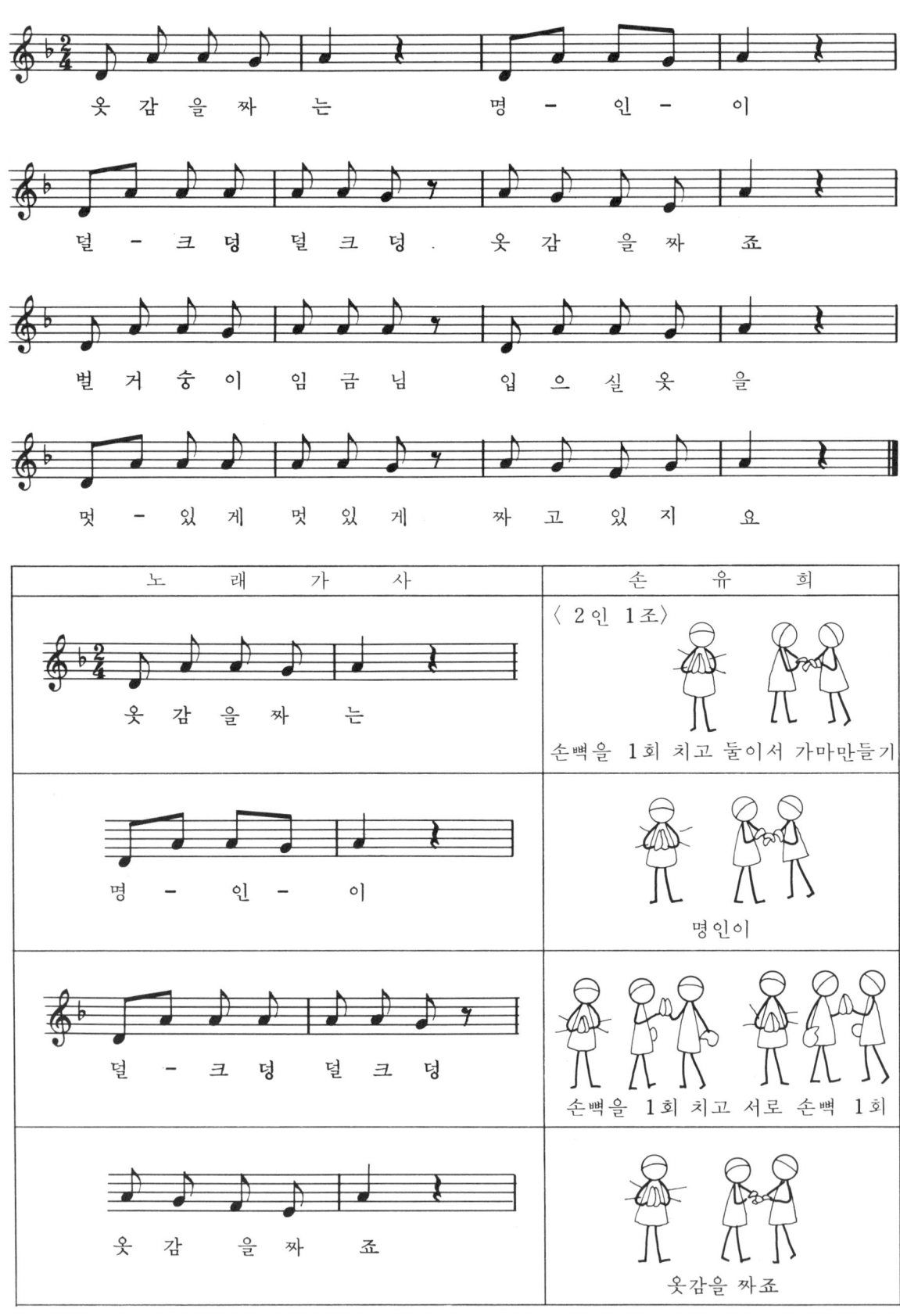

노 래 가 사	손 유 희
 벌거숭이 임금님	 옷입는 동작 후 V자형으로 왕관
 입으실 옷을	 좌우로 갸웃갸웃 2회
 멋-있게 멋있게	 전신으로 트위스트 4회
 짜고 있지요	 ×형으로 엇갈리기 2회

6. 다람쥐

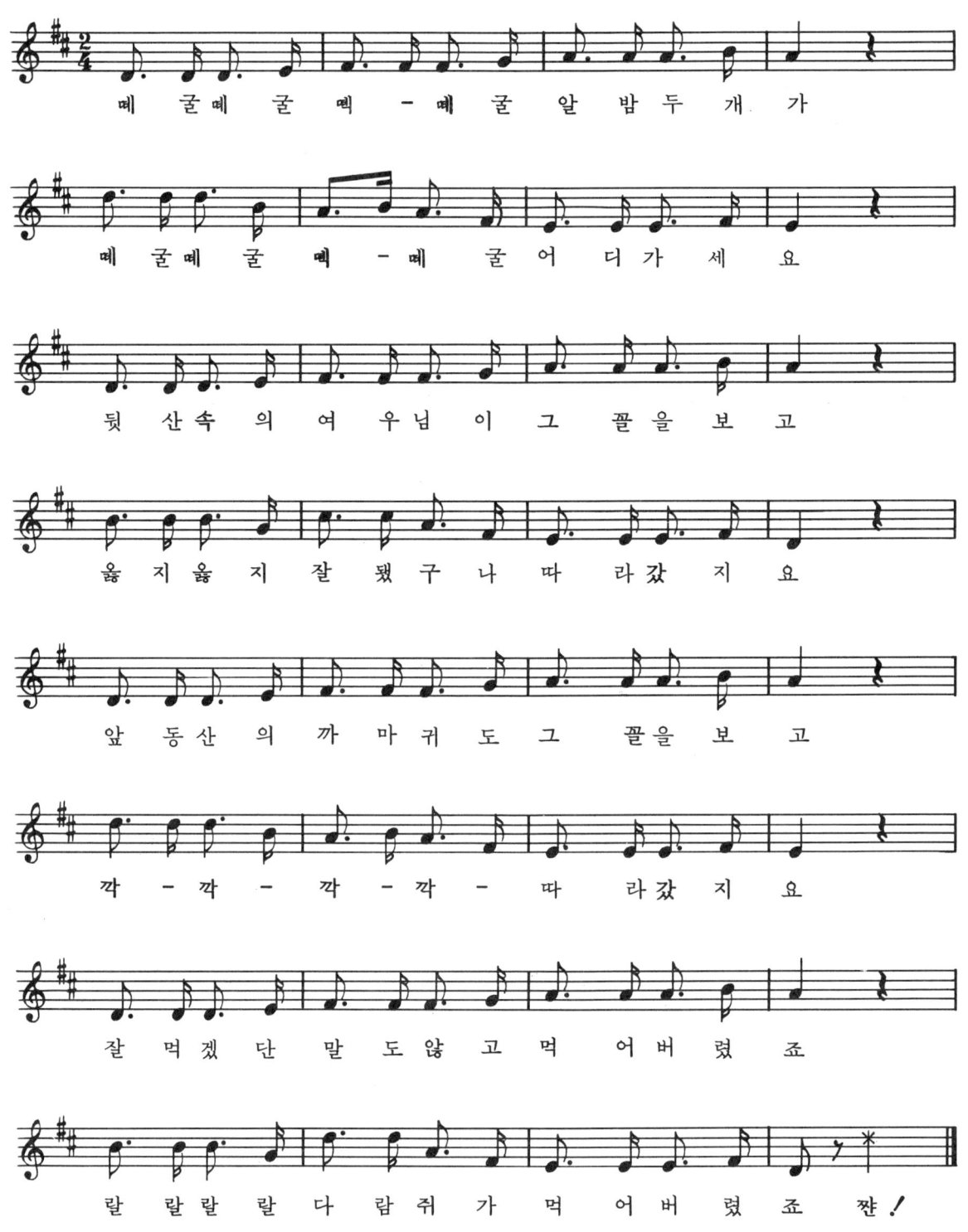

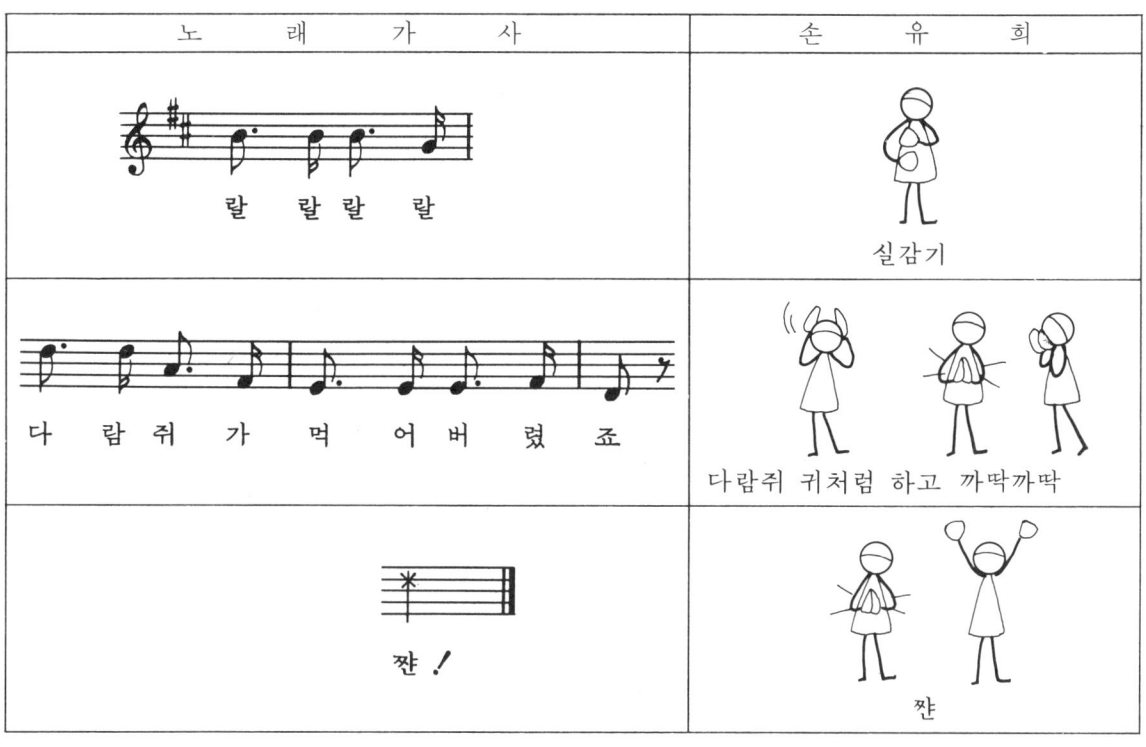

7. 꼬마 친구 끼리끼리

노 래 가 사	손 유 희
 장난꾸러기 끼리끼린	 장지끼리 4회 부딪치기
 그치지 않네	 실감기
 사람들이 배를 잡고	 검지끼리 4회 부딪치기
 깔깔웃었네	 배를 잡고 웃는 동작 3회

8. 다섯 작은 꼬마

1. 작은꼬마 한사람 작은꼬마 두사람 셋-작은 넷작은 다섯작은 꼬마들
2. 작은꼬마 사는집 어-여쁜 꼬마집 꼬마창이 다섯개 아주작은 꼬마창

노 래 가 사	손 유 희
 1. 작은꼬마 한사람 작은꼬마 두사람	 왼손을 쫙 펴고 차례로 짚는다.
 셋-작은 넷작은 다섯작은 꼬마들	 셋 작은 넷 작은 다섯 작은 꼬마
 2. 작은꼬마 사는집 어-여쁜 꼬마집	 작은 꼬마 사는 집 어여쁜 꼬마집
 꼬마창이 다섯개 아주작은 꼬마창	 손가락 사이를 차례로 짚는다.

9. 엘리베이터

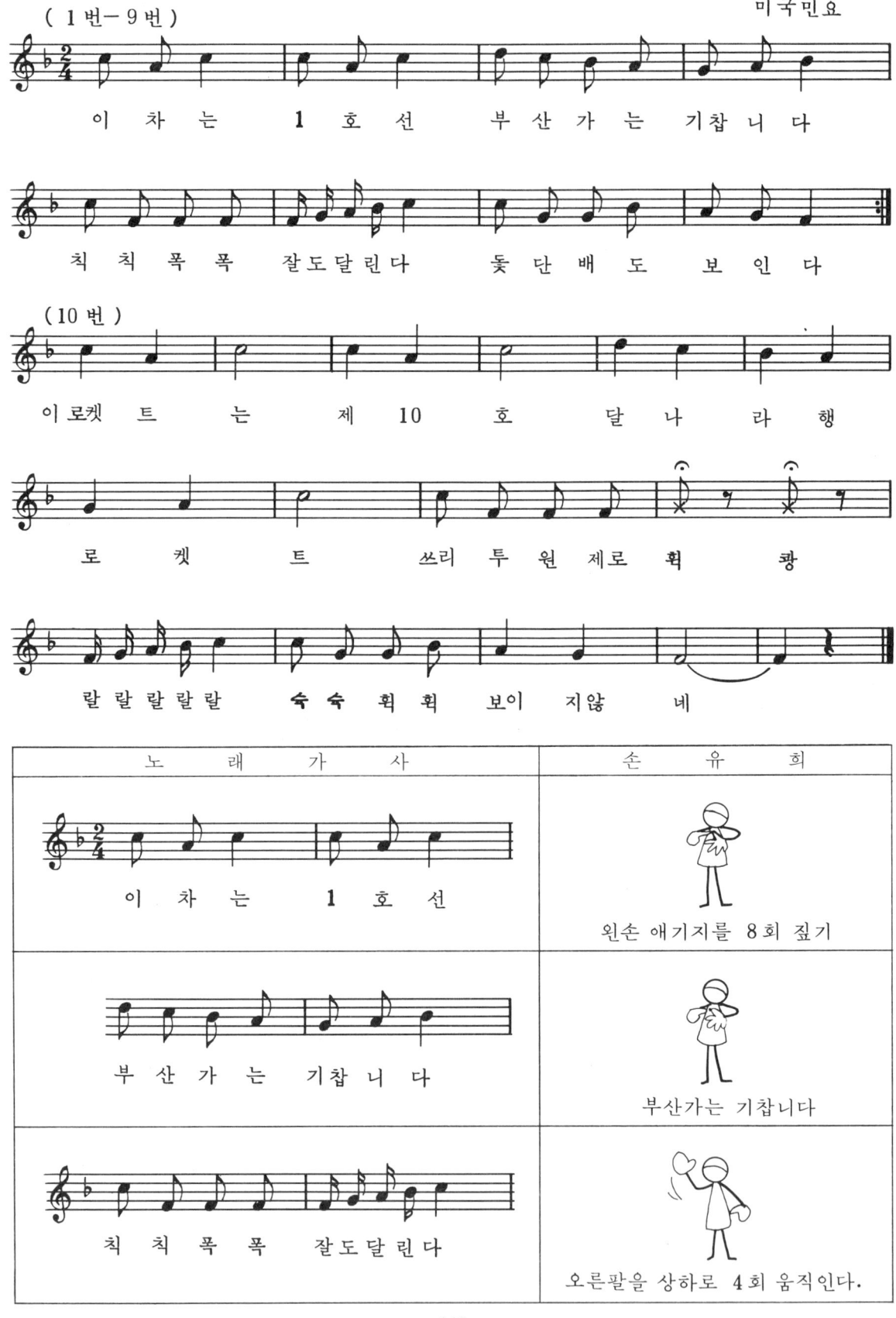

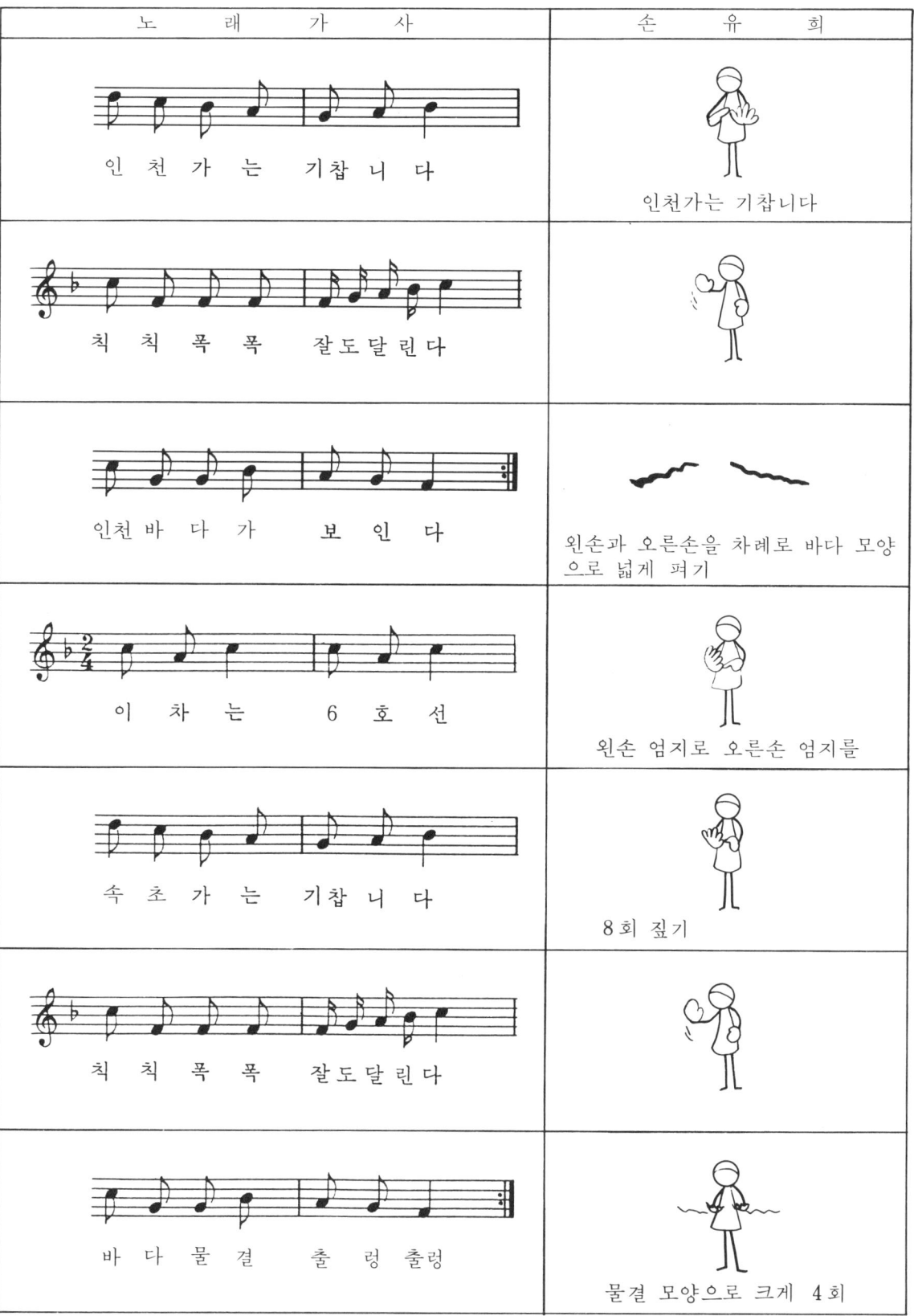

노 래 가 사	손 유 희
 쓰리 투 원 제로	 쓰리, 투, 원, 제로
 휙 쾅	 휙— 쾅—
 랄 랄 랄 랄 랄 슉 슉 휙 휙	 랄랄랄랄랄 슉슉 휙휙
 보이 지않 네	 보이지 않네

11. 버스놀이

1. 커다란 버스에 올라 탑시다 버스표를 차례로- 내어 주세요
2. 커다란 버스에 올라 탑시다 이것 저것 재미있다 참- 재미있다
3. 커다란 버스에 올라 탑시다 점- 점- 버스길이 울퉁 불- 퉁

이 쪽으로 오세요 저 쪽으로 가세요 이리로 오세요 저리로 가세요
옆을 보고 앉았다 위를 보고 앉았다 아래로 꼬- 떡 뒤로 꼬- 떡
덜커덕 쿵 덜커덕쿵 쿵덕쿵덕 쿵덕쿵 호빵- 찐- 빵 어 휴 힘들다

마 지막 사 람은 어디로 갈까 랄 랄랄 랄랄랄랄 포켓 속으로
제 일뒤 사 람은 쿨- 쿨- 쿨 랄 랄랄 랄랄랄랄 잠 꾸러- 기
이리비틀 저리비틀 랄랄랄랄랄 쿵덕쿵덕 쿵덕쿵덕 호빵찐- 빵

노 래 가 사	손 유 희
 1. 커다란 버스에 올라 탑시다	 운전하는 동작
 버스표를 차례로- 내어 주세요	 손뼉 8회
 이 쪽으로 오세요 저 쪽으로 가세요	 자기 무릎 옆사람 무릎 3회 치기
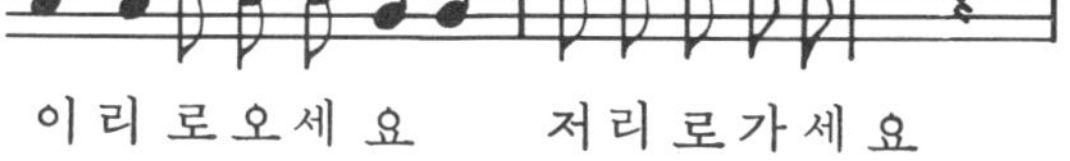 이리로 오세요 저리로 가세요	 자기 무릎 옆사람 무릎치기 3회

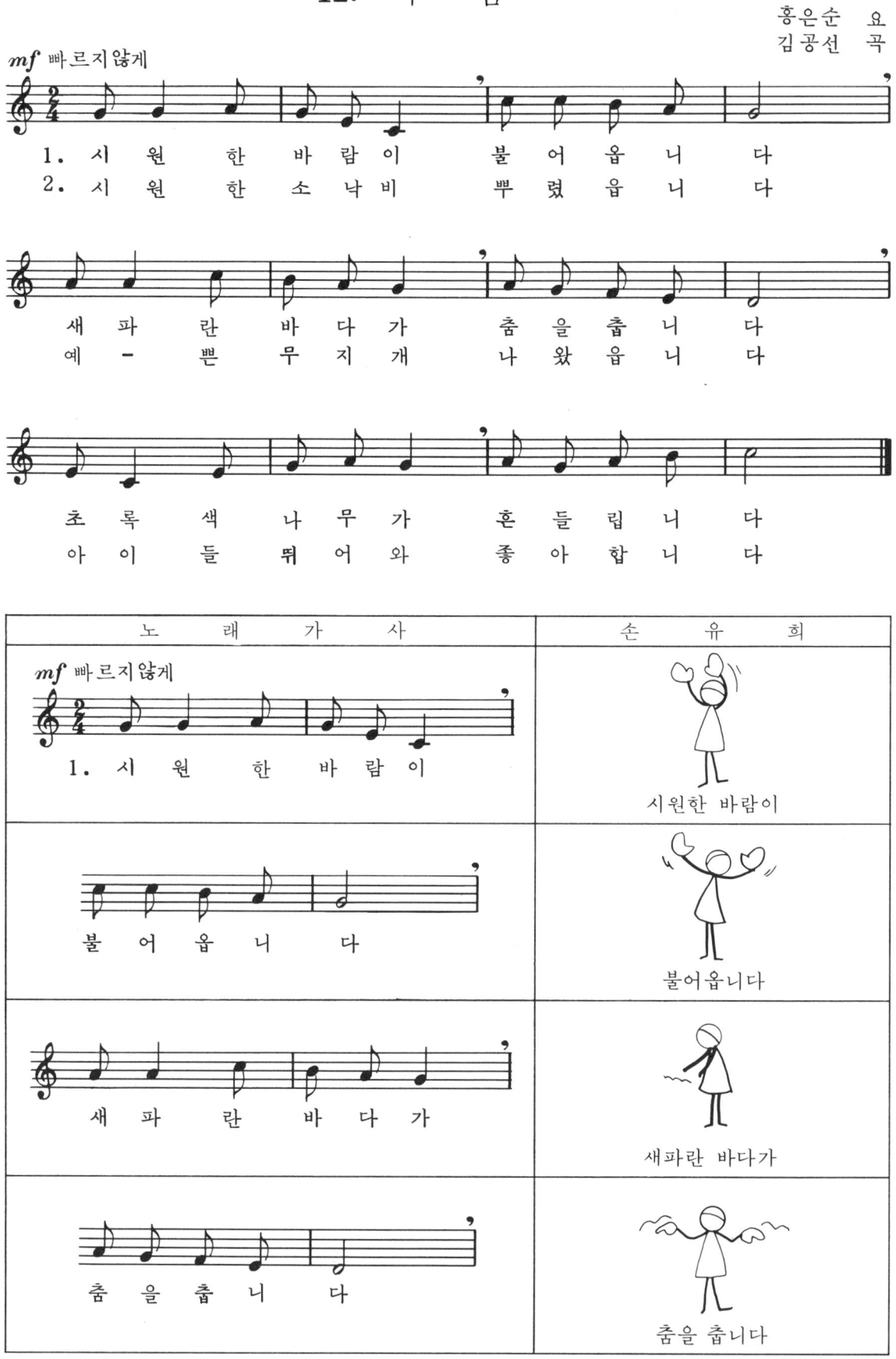

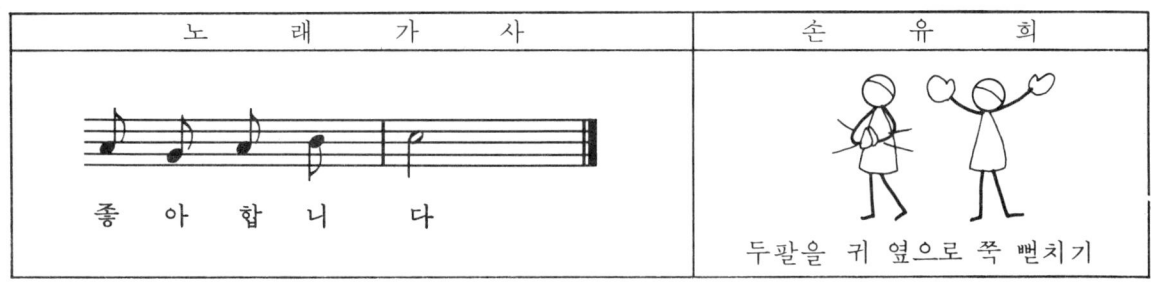

13. 막 차

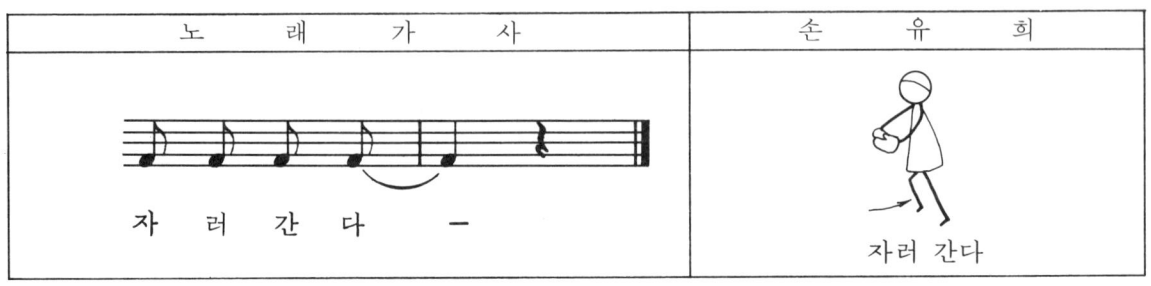

14. 똑같이 좋아

이 란 가사
김공선 작곡

야옹 야 옹 고 양 - 이 우 리 - 고 양 이

엄마가 좋아 아빠가 좋아 누 가 더 좋 니
엄마도 좋고 아빠도 좋고 똑 같 이 좋 아

노 래 가 사	손 유 희
 1. 야옹 야 옹 고 양 - 이	 야옹야옹 고양이
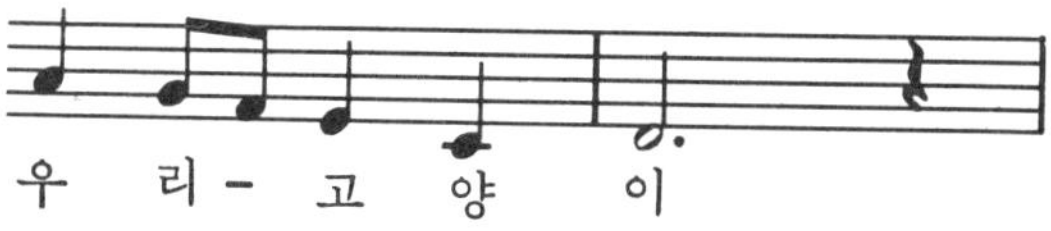 우 리 - 고 양 이	 우리 고양이
 엄마가 좋아 아빠가 좋아	 엄마가 좋아 아빠가 좋아
 누 가 더 좋 니	 누가 더 좋니
 2. 야옹 야 옹 고 양 - 이	 야옹야옹 고양이

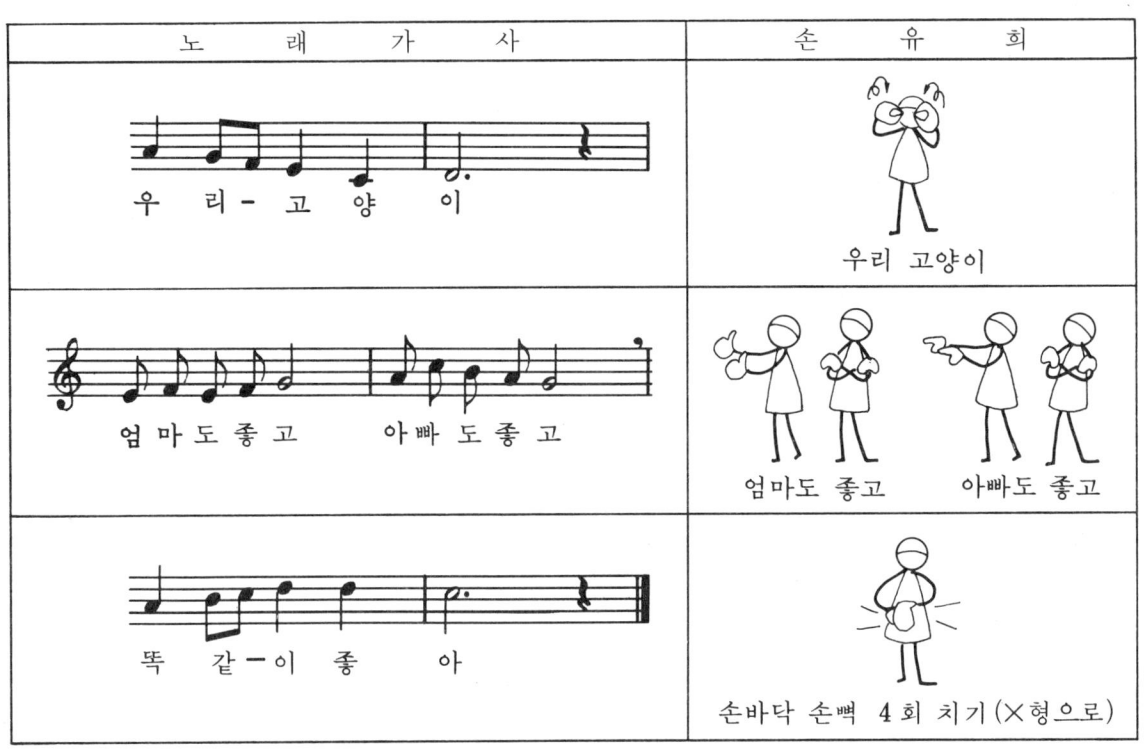

15. 야채들의 행진

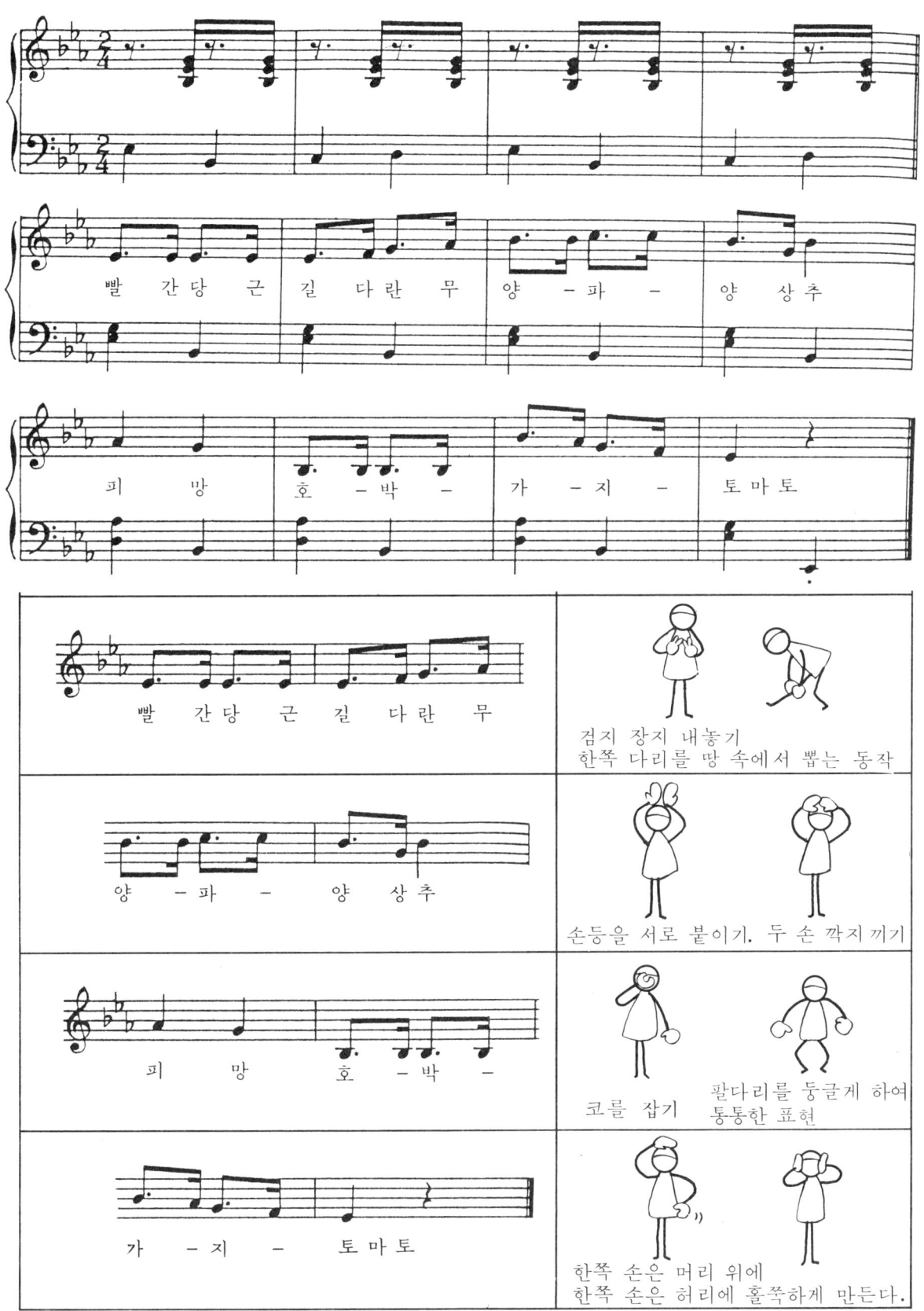

16. 아기 코끼리 책상

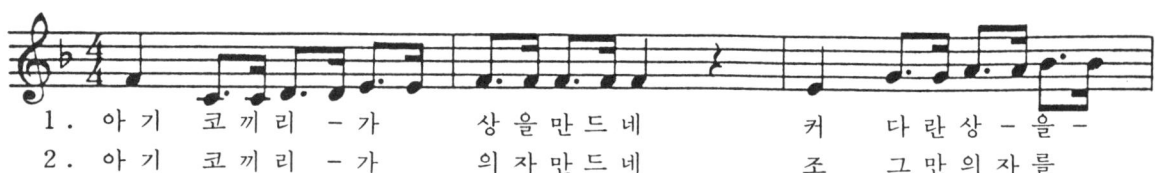

1. 아기 코끼리-가 상을만드네 커 다란상-을-
2. 아기 코끼리-가 의자만드네 조 그만의자를

만들고있네 쓱 싹 쓱싹쓱싹 통 통 통

노래 가사	손 유희
 1. 아기 코끼리-가 상을만드네	 노래에 맞춰서 손뼉치기 한 후 양손으로 큰 네모를 만든다.
 커 다란상-을- 만들고있네	
 쓱 싹 쓱싹쓱싹	 톱질하기
 통 통 통	 주먹치기
 2. 아기 코끼리-가 의자만드네	 작은 네모를 만든다.

17. 목욕을 하자

노 래 가 사	손 유 희
마지막-엔-머리를감자	
아 아 멋 쟁 이	고개 좌우 흔들기

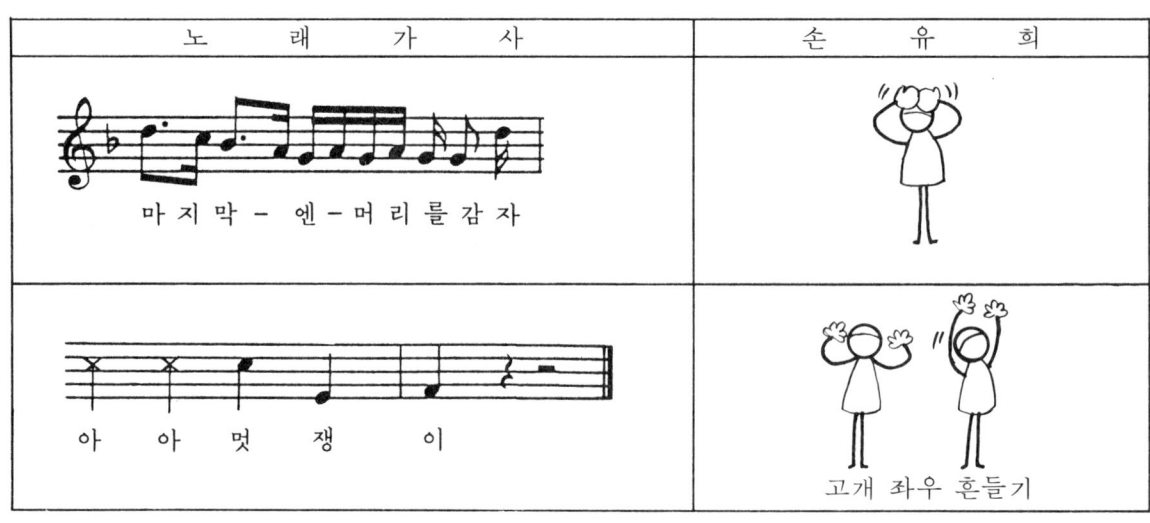

18. 한 잠 자 고

노 랑 나 비 가 날 라 와 서 속 삭 였 어 요

여 기 서 조 — 금 만 자 다 갈 께 요

노 래 가 사	손 유 희
 노 랑 나 비 가 날 라 와 서	 8명 정도의 어린이가 앉고 한 어린이가 나비 역할을 한다.
 속 삭 였 어 요	 두손으로 나비 모양하고 원 안을 날아다닌다.
 여 기 서 조 — 금 만	
 자 다 갈 께 요	자기가 좋아하는 친구 앞에 날아가서 나비처럼 두손으로 팔락거린다. "요" 할 때 얼른 그 친구 어깨 또는 머리에 손을 얹는다. 그 친구가 또 나비가 된다.

19. 매미 식구

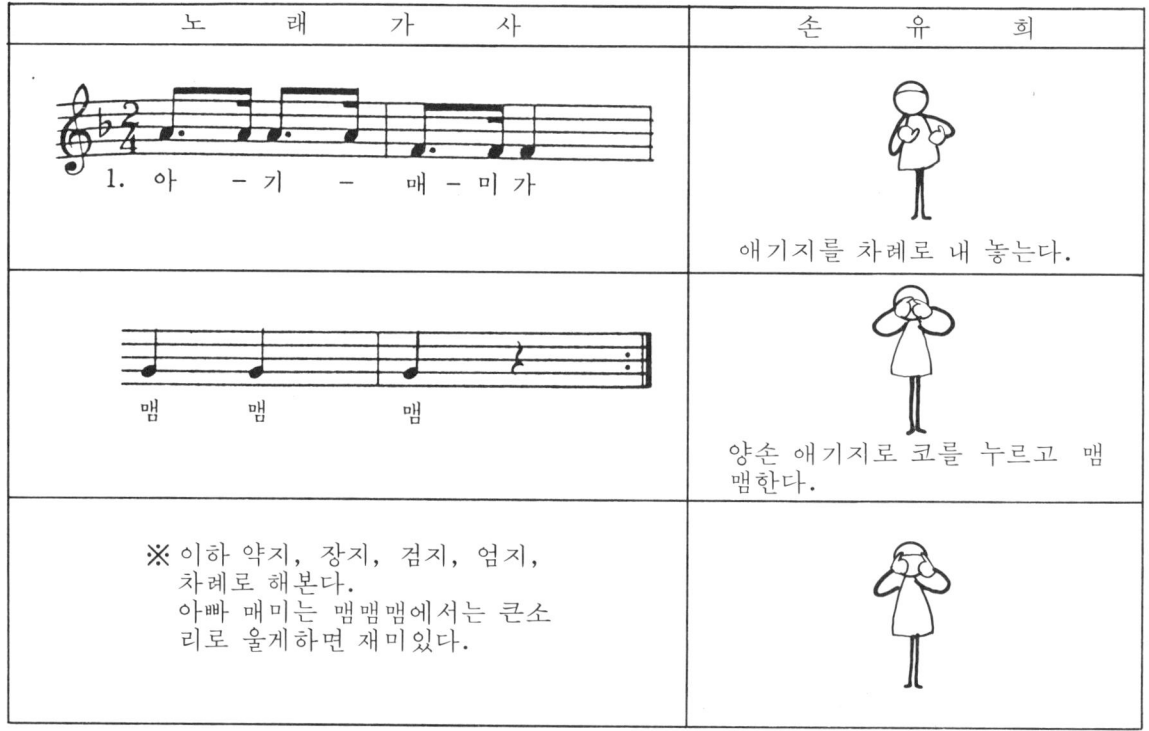

20. 왜 그렇게 됐니

1. 하얀무는 목욕탕에서 비누놀-이하죠
2. 빨간당근은 목욕탕에서 너무오-래 있었죠
3. 둥그런감자는 목욕하는걸 너무너-무 싫어하죠

그래서 그만 그만 하얘졌대요
그래서 그만 그만 빨개졌대요
그래서 그만 그만 흙투성이가 됐대요

※ 야채인형이나 손가락인형을 만들어서 노래하며 놀이한다.
★페-푸사토를 2개씩 만드는데 1개는 흙이 묻은 야채로 만들고 1개는 깨끗이 씻겨진 야채를 만든다.

21. 로켓트 놀이

1. 세 모 난 로켓트는 쓰리 투 완 제로 삐융 —
2. 동 그 란 로켓트는 쓰리 투투 완 제로 브왕 —
3. 씨 름 대 장 로켓트는 쓰리 투투 완 제로 당당 —
4. 아 기 토 끼 로켓트는 쓰리 투— 완— 제로 피융 —

노 래 가 사	손 유 희
1. 세 모 난 로 켓 트 는	① 양손으로 얼굴 앞에 세모 만들고 무릎 굽히기
쓰 리 투 완 제 로	어떤 동작을 할 준비를 한다.
삐 융 —	①의 포-즈대로 높이 점프한다.
※ 동그란 로켓트 ; 양손으로 둥글게 하기 씨름대장 로켓트 ; 씨름선수 모양하기 아기토끼 로켓트 ; 토끼모양 하기	

22. 손뼉을 칩시다

노 래 가 사	손 유 희
 손뼉을 손뼉을 칩-시-다	 어린이들이 마주 앉아 손뼉을 친다.
 여-럿이 짝-짝-짝	어린이를 무릎에 올려 놓고 어린이 뒤에서 손을 잡아 준다. 그리고 손뼉을 쳐준다.
 사이좋게 샹 샹 샹	리듬에 맞춰서 손뼉을 쳐준다. 계속 손뼉을 친다.
 잘-한다 잘-한다 짝 짝 짝	 어린이의 머리를 쓰다듬어 준다. 그리고 뺨을 세 번 두들겨 준다.

23. 무릎말

24. 소 풍 버 스

※ 놀이방법 :	모두 핸들을 잡고 버스 운전하는 동작을 한다. 곡에 맞춰서 달린다.	
	노래가 끝나면 리-다는 「○명의 버스」라고 말한다.	
	모두 다 자기팀을 모아서 길게 연결한다. 선두의 어린이는 핸들을 잡는 시늉을 한다.	
	그룹으로 버스놀이를 진행하다가 음악이 끝나면 다른 그룹과 가위 바위 보를 해서 이긴 그룹은 진 그룹의 선두가 되는 놀이로 연결하면 흥미롭다.	

25. 통 통 짝 짝

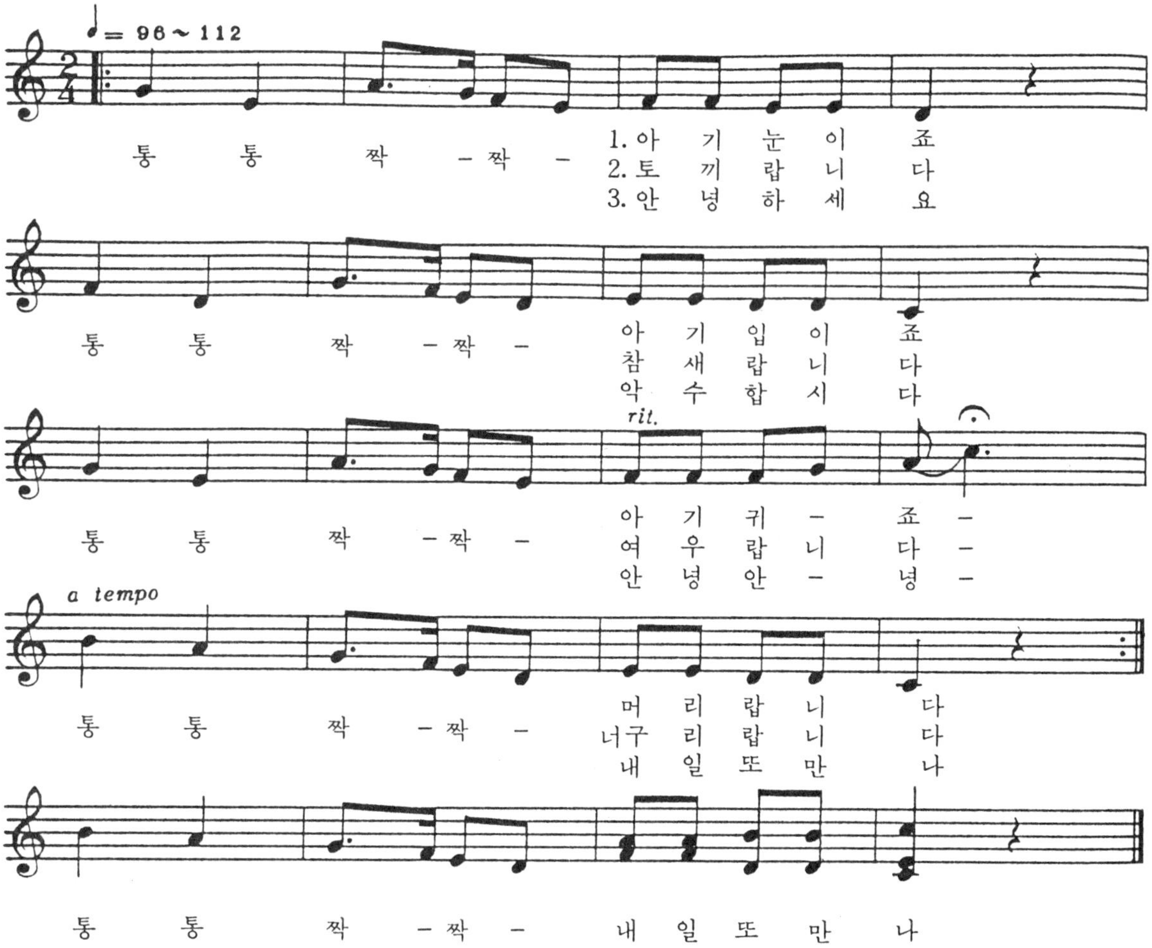

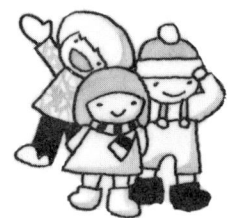

♩= 96 ~ 112
통 통 짝 — 짝 — 1. 아 기 눈 이 죠
2. 토 끼 랍 니 다
3. 안 녕 하 세 요
통 통 짝 — 짝 — 아 기 입 이 죠
참 새 랍 니 다
악 수 합 시 다
rit.
통 통 짝 — 짝 — 아 기 귀 — 죠 —
여 우 랍 니 다 —
안 녕 안 — 녕 —
a tempo
통 통 짝 — 짝 — 머 리 랍 니 다
너구 리 랍 니 다
내 일 또 만 나
통 통 짝 — 짝 — 내 일 또 만 나

● 둘이 마주 서서 또는 마주 앉아서 노래 부르며 그대로 동작하면 된다.

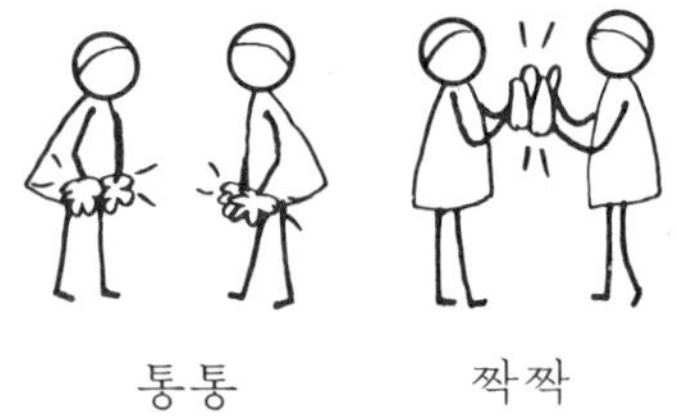

통통
짝짝

26. 치 우 기 선 수

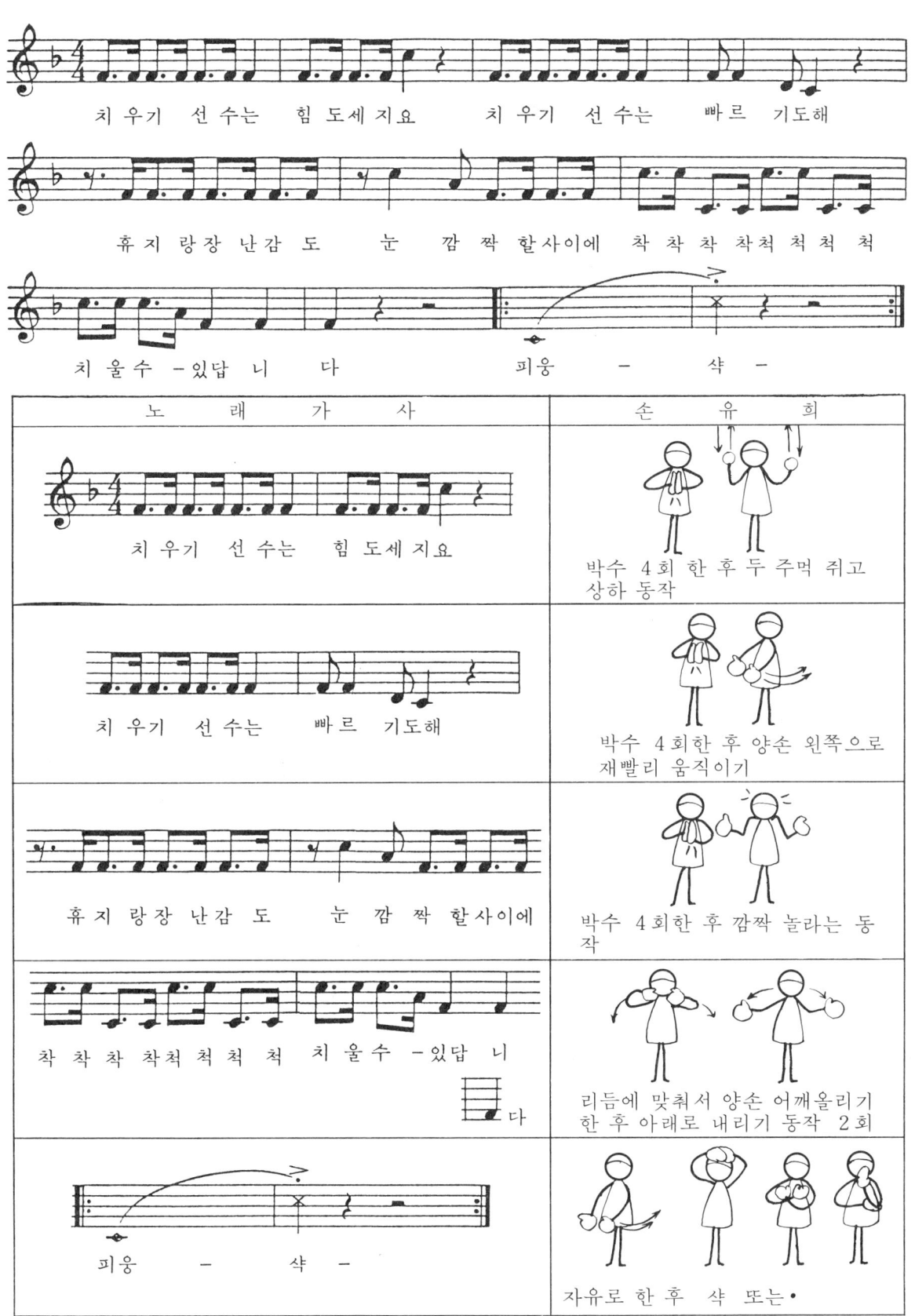

28. 나비의 일기예보

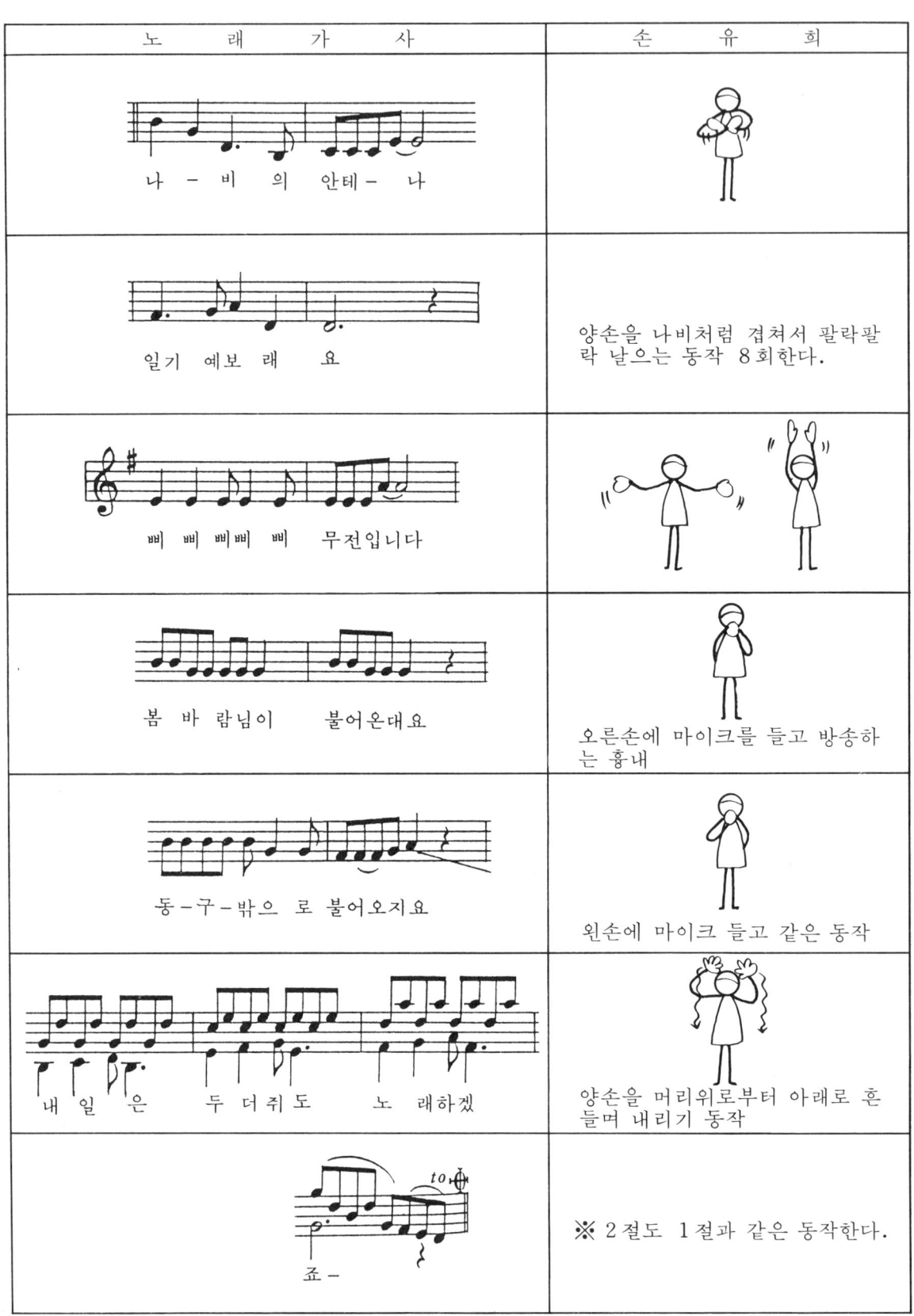

29. 올라간눈 내려간눈 용용 죽겠지

30. 박수 선물

31. 츄-립꽃 물컵

〈새로운 유아 체조〉

움직임을 통한 이야기 놀이

도 움 말

　움직임을 통한 이야기란 유아의 리듬 표현 놀이냐고 많이 묻는다.
　움직임을 통한 체조는 교사가 목표하는 움직임을 유아들이 즐겁게 생각하고 신체를 활동시킬 수 있도록 하는데는 어떤 방법으로 지도하면 좋을까 하는 발상으로부터 생긴 것이다.
　예를 들면, 어린이들에게 맷트 위에서 앞으로 구르기, 옆으로 구르기를 시키려고 할때 이런 이야기를 들려 주면서 놀이를 시키는 것은 좋은 방법일 것이다. 물론 체육놀이이기 때문에 신체의 발달 단계를 중점적으로 다뤘고 이야기를 이해할 수 있는 단계로 충분히 고려하고 구상한 것이다.
　어린이의 움직임은 어린이 마음 속의 흥미가 어느 정도인가에 따라 달라진다. 따라서 이야기가 충분히 즐거움을 줄 수 있다면 움직임이 풍부해지기도 하고 보다 더 효과적으로 되기도 한다. 교사의 이야기가 매력이 없으면 어린이들의 움직임은 서툴어지고 의욕을 잃게 된다. 사전에 소재를 충분히 소화한 다음 지도에 들어가도록 하는 것이 좋을 것이다.

1. 〈나비와 추―립 아가씨〉

지도의 핵심: 모르는 사이에 피어 있는 아름다운 꽃을 볼 때 어린이들은 눈동자는 반짝반짝 빛난다. 거기서 재빨리 분단 마다 꽃의 이름을 붙여주고 자연의 꽃을 주제로 한 체조를 시작한다. 여럿이 손을 잡고 원이 되어 큰 꽃, 혼자 핀 작은 꽃, 2·3명이 겹쳐서 피는 꽃 등, 유아의 표현은 풍부하다. 피었다 졌다 하는 것 뿐 아니라 빙글빙글 돌아서 서로 인사등 여러 가지로 발전시켜서보자. 나비의 동작은 유아들이 표현을 퍽 잘 한다. (유연성, 기민성을 기른다)

1째 동작: 여럿이 손을 잡고 원이 되어 앉아서 다리를 앞으로 쭉 뻗어 보자 그리고 뒤로 벌렁 누워 보면 꽃이 활짝 핀 것처럼 보인다. 이번에는 양 다리를 위로 높이 올려 보자. 자!

다리를 내리면 여럿이 일어나 손을 앞으로 내 놓고 "안녕하세요?" 하고 인사한다.

1. 츄―립과 나비

〈노래 1〉 뒤로 벌렁 눕는다. 그리고 다리를 올렸다 내렸다 한다.

2째 동작: 츄―립 아가씨는 해님을 얼굴 가득히 받으며, 양지와 친하고 있다. 나비들은 너울너울 날아 다니며, 숨바꼭질하고 있다.

〈노래 2〉 나비들이 훨훨 날아온다.

3째 동작 : "어딘가 숨을 곳이 없나. 어딘가 근사한 데는 없을까. 그렇군, 츄-립아가씨 날 좀 숨겨 주서요" 나비는 츄-립 꽃에게 부탁을 했다.

4째 동작 : "어서 어서 꽃 속으로 들어오세요" 츄-립 아가씨는 나비를 꽃 속에 넣어 주었지요. 그렇지만 아무도 찾으러 오지 않았어요. 나비는 그동안 꽃 속에서 잠들었읍니다.

〈노래 3〉 꽃속에서 잠든다.

저녁 때가 되었어요. 츄-립꽃은 꽃잎을 열고 말했지요.

〈노래 4〉 꽃이 활짝 핀다.

5째 동작 : "빨리 집으로 돌아가거라. 벌써 저녁이 된단다"
숨바꼭질 하던 일을 깜박 잊어 버리고 잠들었던 나비는 놀라서 돌아갔지요.

2. 〈우체통〉

지도의 핵심: 이 체조는 목·등·다리 운동이 주가 된다. 어린이들의 놀이 가운데 10까지 세는 것으로 「무궁화 꽃이 피었읍니다」 등을 외우며 놀고 있는데 이 체조 역시 처음 유치원에 들어온 어린이들에게 저항감 없이 할 수 있는 것이 핵심이 된다.

우편 놀이 뒤에 "우체통군이 커다란 입을 벌리고 골목길에……"라고 말을 시작하면 어린이들은 곧 큰소리로 웃으며 입을 크게 벌릴 것이다.

우체국 앞이나 골목 어귀에 빨간 얼굴을 하고 커다란 입을 딱 벌리고 서 있는 것이 뭘까요? 그래 우체통이지.

자! 우리 모두 우체통이 되어 볼까요? 우체통군이 입을 크게 벌리고 편지를 기다리고 있읍니다. (사회성, 유연성을 기른다)

2. 우 체 통

〈노래 1〉 우체통이 서 있다.

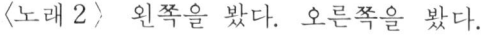

1째 동작: "빨리 안오나" 하고 오른쪽, 왼쪽을 기웃거리지만 아직 안 온다.

〈노래 2〉 왼쪽을 봤다. 오른쪽을 봤다.

2째 동작 : 거기서 오른쪽을 향하여 커다란 목소리로 "우체부 아저씨" 하고 불렀지요.

〈노래 3〉 편지야-하고 부른다.

3째 동작 : 이번에는 왼쪽을 향하여 커다란 목소리로 "우체부 아저씨" 하고 불러 보았지만 역시 아직 안온다.

우체통군은 기다리다 지쳐서 양손을 하늘 높이 올리고 커다란 하품을 한다.

〈노래 4〉 우체통이 하품을 한다.

4째 동작 : 그리고 왜 안올까"하고 제자리 걸음을 시작한다.

〈노래 5〉 쿵덕쿵덕 발을 구른다.

5째 동작 : "이크?" 우체통군의 제자리 걸음은 멈췄읍니다. 오른쪽으로부터 토끼님이 깡총깡총 오고 있어요. 깡총깡총 토끼님은 우체통군의 주위를 한바퀴 돌고 우체통군의 입에 편지를 넣어 주었다.

〈노래 6〉 토끼가 깡총깡총 뛰어온다.

6째 동작 : 우체통은 기뻐서 싱글싱글하며 토끼님에게 악수를 했다.
"또 편지를 많이 가지고 오세요"

〈노래 7〉 우체통과 토끼의 악수

3. 〈당근과 감자〉

지도의 핵심: 유아들은 당근이라고 하면 얼굴을 찌뿌리며 싫다고 하지요. 거기에서 우리 교사들은 당근이란 우리의 몸을 튼튼하게 한다는 이야기를 해 주기도 하고 어머니회 때도 협력을 얻어 당근모양의 예쁜 쿳손을 만들어 어린이 방에 놓아 주기도 하고 매일 당근으로 요리한 반찬을 넣어 주도록 하여 은연 중에 당근과 친근해지도록 지도한다.

처음에는 만든 당근이나 감자를 굴려 보기도 하고 돌려보기도 하면서 이 체조로 도입하면 재미있어 할 것이다.

옆으로 구르기도 하고 빙글빙글 돌려보면서 체조를 하게 한다. (조정력을 기른다)

1째 동작: 똑바로 누워서 몸을 쭉 늘이며 팔을 머리 위로 뻗쳐 본다. 멀―리서 보면 꼭 당근을 닮은 것 같겠지요. 몸을 둥글게 해서 머리를 양 무릎사이에 묻고 앉아 볼까요. 꼭 감자를 닮은 것 같지요. 그러면 우리 모두 당근과 감자가 되어 체조를 해 볼까요?

3. 당근과 감자

2째 동작: ① 몸을 똑바로 쭉 늘인다.
② 몸을 둥글게 하고 앉는다.

당근과 감자는 몹시 사이가 나쁜 것 같군요. 당근은 감자에게 말했어요. "너는 왜 그렇게 둥글둥글하게 보기가 싫으냐? 나같이 이렇게 늘씬하지를 못해 안 됐다"하며 양쪽 다리를 올렸다 내렸다 한다.

계속 다리를 올렸다 내렸다 한다.
3째 동작 : 이번에는 옆으로 데굴데굴 굴러 보았읍니다.

〈노래 3 〉　　　　당근이 옆으로 떼굴떼굴 구른다.

4째 동작 : 감자는 말했어요.
뭐라고? 너는 옆으로 밖에 굴르지를 못하지 않니. 나는 앞으로 뒤로 옆으로 데굴데굴 잘 구를 수 있단다. 약이 오르지. 용용 죽겠지"

〈노래 4 〉

감자가 데굴데굴

5째 동작 : 그러니까 당근도 지지 않겠다고 덤볐어요. "뭐라고? 내가 걷는 모양 좀 봐라. 이렇게 멋있지 않니?" 당근은 발꿈치를 들고 걷기 시작했어요.

〈노래 5〉 Allegretto   당근은 발꿈치를 들고 걷는다.

6째 동작 : 그것을 보고 있던 감자는 뿔이 나서 견딜 수가 없어서 그만 돌아 앉아 말도 하지 않았어요.

〈노래 6〉   감자와 당근이 화를 낸다.

자! 이럴 때는 어떻게 했으면 좋을까요?

4. 〈너는 누구냐?〉

지도의 핵심: 어린이를 큰 거울 앞에 세우고 입으로 여러 형의 모습을 해 보도록 한다. 입을 옆으로 이— 싱글싱글, 호랑이 입처럼 벌리고 왕— 위를 보고 아래를 보고 또 손을 위로 올려보고 발을 쿵쿵 구르고 여러가지 모양을 자유로 하게 한다. 그리고 두 어린이(짝)끼리 마주 보게하여 여러가지 놀이를 시킨다.

너무 어려운 동작은 혼란만 가져오기 쉽기 때문에 쉬운 동작으로부터 즐거운 여러 가지의 동작으로 놀 수가 있다. 즉 목 운동(위아래)・팔을 돌리기・허리 굽히기・뛰기・뒤로 돌아서서 뒷동작 등 끝이 없지요. 이야기로 "거울아 내 친구 거울아 거울아 거울아 쌍둥이 거울아"등으로 즐겁게 이야기 하며 동작을 해 보면 더욱 재미있을 것이다. (기민성을 기른다)

1째 동작: 친구들과 마주 봅시다.

똑바로 서서 발로 마루바닥을 쿵쿵 구르면 "오오라 이상하다. 또 하나의 내가 똑 같이 움직이지요. 너는 누구냐?"

4. 너는 누구냐?

〈노래 1〉   발을 쿵쿵 거린다.

내가 "안녕하세요?"하고 몸을 앞으로 굽히면 또 하나의 나도 "안녕하세요?"하고 몸을 앞으로 굽힌다.

〈노래 2〉 안녕하세요? 하고 인사한다.

2째 동작: 내가 오른쪽으로부터 데굴데굴 두번 구르면 또 하나의 나도 왼쪽으로 데굴데굴 두번 구르지요. 똑 같이 움직이지요.

〈노래 3〉 데굴데굴 구른다.

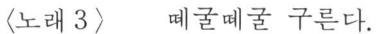

3째 동작: 내가 원숭이의 흉내를 내며 노래를 부르니까 또 하나의 나도 원숭이의 흉내를 내며 노래를 부른다. "너는 누구냐?"

〈노래 4〉 원숭이 노래

4째 동작: 내가 화가 나서 주먹을 위로 휘두르니까 또 하나의 나도 주먹을 위로 휘두른다. "너는 도대체 누구냐?"

〈노래 6〉   주먹을 휘두른다

5째 동작: 내가 오른 손을 내 놓으면 또 하나의 나는 왼손을 내 놓고 악수를 한다.

〈노래 7〉   악수를 한다

6째 동작: 악수하는 모습 그대로 팔을 빙글빙글 돌리고 있는 동안에 "너는 누구냐?"하고 물으니까 "나는 거울 속의 너 란다"고 대답한다.

5. 〈엄마나무와 아기나무〉

지도의 핵심: 큰 것 중에는 어떤 것이 있을까? 작은 것은 또 어떤 것이 있을까? 어린이들에게 물어서 그것들의 간단한 동작을 시켜보자. 큰 것은 손이 하늘까지 닿도록 작은 것은 움츠려 보는 동작을 시키며 유도한다.

나무에도 큰 것과 작은 것이 있다는 것을 마당의 나무, 가로수 등을 관찰시켜 보며 알게 한다. 움직이는 동작은 북을 사용하고 큰소리일 때는 두 손을 끝까지 높이 뻗어보게 하고 소리가 작을 때는 무릎을 꿇는다는 약속을 사전에 정하면 좋겠지요. 북소리로서 동작이 민첩하게 될 수 있다면 합격이지요. (기민성 및 다리, 허리의 힘을 기른다)

1째 동작: 한 사람은 양쪽 발을 조금 벌리고 똑바로 서 본다. 그리고 손바닥을 밑으로 내리고 손가락을 쫙 편다. 그러면 큰 나무가 된다. 또 다른 한 사람은 똑같은 모양으로 무릎을 세우고 앉아 본다. 작은 나무가 되지요. 자! 그러면 큰 나무와 작은 나무(엄마나무. 아기나무)의 체조를 시작해 볼까요?

넓은 들에 엄마나무와 아기나무가 사이 좋게 나란히 서 있었지요. 엄마나무와 아기나무가 하늘을 쳐다보니 아기참새가 날고 있고, 밑을 내려다 보니 작은 시냇물이 졸졸졸 흐르고 있었어요.

5. 엄마나무와 아기나무

〈노래 1〉 위를 쳐다본다.   새가 우는 소리

2째 동작: 둘이는 위를 쳐다보고 말했어요. "파란 하늘은 참 시원하구나" "또 밑을 내려다 보고 말했어요. "어머나 물 속에 우리들의 얼굴이 비치는구나" 〈노래 1〉을 계속 사용

그 때 솔솔 바람이 불어왔지요. "야! 기분이 좋은데" 엄마나무는 기분 좋게 흔들거렸어요.

〈노래 2〉 솔솔바람   시냇물이 흐른다.

아기나무는 흔들리지 않았어요, 큰 나무는

3째 동작: "기분 좋은데"하고 뽐냈어요. 몸을 더 위로 번쩍 올린다.

작은 나무는 큰 나무가 부러웠어요.

4째 동작: 마침 그 때 작은나무는 "어이크! 뭔가 이상한데?" 하고 생각하는 순간 몸이 흔들흔들 흔들리기 시작했지요. "지진이다!"

〈노래 3〉 지진

5째 동작: 작은 나무는 갑자기 통통 튀어오르기 시작했어요. 그러나 큰 나무는 조금도 흔들리지 않았어요. 큰 나무는 부러운 생각에 말했어요. "애, 작은 나무야. 우리 서로 바꿔 볼까?"하고 말했지요. 그래서 둘이는 서로 커졌다 작아졌다하며 계속 이상한 엄마나무와 아기나무는 사이 좋게 서 있었지요.

〈노래 4〉 커졌다 작아졌다

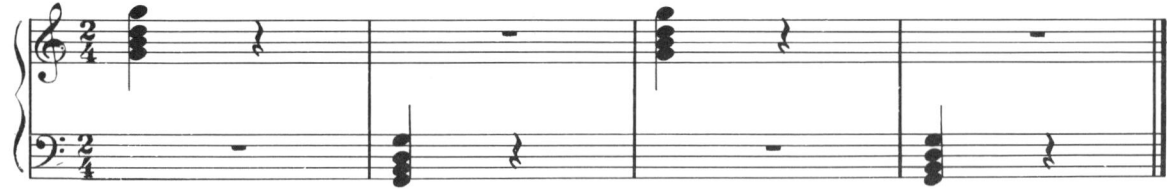

6. 〈춤추는 낙엽〉

지도의 핵심: 가을이 되어 낙엽을 이용한 제작이 시작될 무렵, 어린이들은 나무 아래 모여 즐겁게 놀이를 하며 놀기를 좋아한다.

이 때 바람이 불어 오면서 낙엽들은 춤을 추며 떨어지는 것 처럼 보일 때가 있다. 그럴 때 "자! 보렴. 낙엽이 춤 추지?"하고 유도하며 잎사리의 떨어지는 모양, 센 바람이 불면 잎사귀가 어떻게 날을까? 약한 바람이 불면 그잎이 어떤 모양으로 날을까? 잘 관찰시키고 낙엽의 체조를 시켜 보자.

여럿이 한꺼번에 할 수 있지만 개별로 선정하여 (큰 나무, 작은나무, 잎사귀가 둘, 바람이 하나) 정도로 시켜 본다. 떨어진 낙엽이 갑자기 벌레로 변하여 움직여 보면 어린이의 상상력이 풍부해지며, 더욱 재미있겠지요. (표현력, 창의력을 기른다)

1째 동작: 양쪽 다리를 조금 벌리고 팔을 옆으로 벌리고 구부린다. 큰 나무가 됐지요. 다른 두 어린이는 양쪽 팔에 매어 달리어 잎사귀가 되는 거지요. 낙엽의 춤을 추기 시작하지요.

큰나무에 잎사귀 친구들이 가득 달려 있지요.

6. 춤추는 낙엽

〈노래 1〉 잎사귀가 많이 붙어있다.

2째 동작: 가을 바람이 불기 시작하면 잎사귀들은 낙엽이 되어 떨어져 가고 있다. "빨리 바람이 안 부나 그러면 바람에 날려 우리 모두 신나게 춤을 추기도 하고 체조도 할 수 있는데" 잎사귀들은 여럿이 그런 이야기들을 소근소근 하기도 한답니다.

그러는 동안 솔솔솔솔 바람이 불기 시작했어요. 잎사귀들은 흔들리기 시작하지요.

〈노래 2〉　　　바람 소리

3째 동작: 쏴— 쏴— "어이크" 잎사귀들은 천천히 떨어지기 시작했어요. 쏴— 쏴— 휙— 휙—

〈노래 3〉　　잎이 나무에서 떨어진다

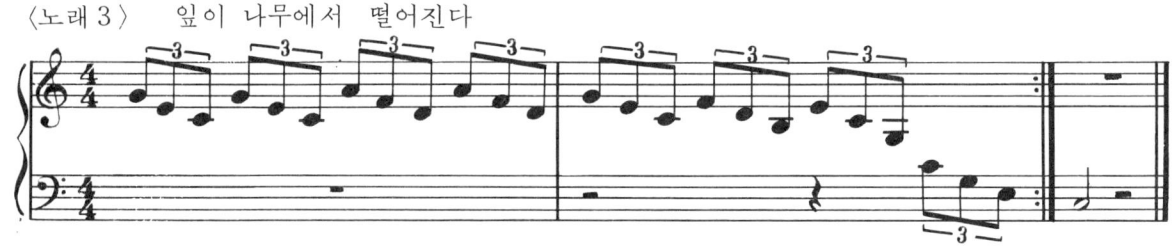

4째 동작: 땅에 떨어진 잎사귀들은 드디어 사이좋은 토끼들이 서로 이야기 하는 흉내도 내고 아기곰이 되기도 하고 코끼리도 되고 그 밖의 여러 가지 동물 흉내를 내며 논다.

이렇게 한참 논 후에 잎사귀들은 "자 다음은 여럿이 춤이나 추자" 하고

5째 동작: 다 같이 손을 잡고 둥글게 원이 되어 노래를 부르며 춤을 추기 시작한다.

〈노래 4〉   낙엽의 춤(단풍)

낙엽들은 언제까지나 언제까지나 노래하고 춤을 추고 놀고 있지요

7. 〈금붕어와 개구리〉

지도의 핵심 : 어항 속에 금붕어나 열대어가 헤엄치고 있는 것을 보고 어린이들은 자신도 그들처럼 헤엄쳐 보고 싶은 충동을 느낀다. 용궁의 이야기를 아는 어린이는 자기가 금붕어가 되어 버린 듯이 흉내를 내기 좋아하지요. 여기서 어린이는 방안을 연못이나 바다속으로 생각하기도 하지요. 교사의 뒤를 쫓아서 쓱쓱쓱— 헤엄을 치기도 하고 터널을 만들어 그 속을 뚫고 다니기도 하고 뜀틀을 바위라고 생각하고 그 주위를 빙빙 돌기도 하고 공간을 잘 이용할 줄 알지요.

오른쪽 왼쪽으로 구부러질 때는 몸을 힘껏 굽혀 보기도 하고 개구리처럼 팔짝팔짝 뛰기도 잘 하지요. 바위 위에서 여러 모양으로 뛰어 내리기도 하고 개구리 모양을 잘 흉내낼 줄도 안다. (뛰어내리는 힘과 기민성을 기른다)

1째 동작 : 허리를 굽히고 양손을 뒤로 뻗고 너울너울 헤엄을 쳐보자. 꼭 금붕어 같지요? 개구리는 어떻게 뛰나 알고 있겠지요? 금붕어는 기분 좋게 쓱— 쓱— 헤엄을 잘 친답니다.

7. 금붕어와 개구리

그곳에 개구리가 나타났지요.

〈노래 2〉　　개구리가 헤엄을 치면서 온다

(노래 2) 개구리가 헤엄을 치면서 온다. 금붕어의 수영이 너무나 근사하기 때문에 개구리는 몹시 부러웠어요.
　"나에게도 그런 멋진 수영을 좀 가르쳐 주셔요"하고 부탁했어요. "아 어서 날 따라 헤엄쳐 봐요" 한다.

〈노래 3〉　　금붕어가 수영을 가르친다

2째 동작: 금붕어가 수영을 가르친다. 터널 속을 들어가기도 하고 무척 즐거워 보였다. 이번에는 개구리가 바위위에서 뛰어내리기를 하지요. 양손을 잡고 뛰어내리기도 하고 양손을 안집고 뛰어내리기도 하고 양손을 옆으로 벌리고 뛰어내리기도 하고 뛰어 오른 다음 빙그르르 돌기도 하고 여간 재미있는게 아니었어요. 그 때 금붕어가 말했어요.
　"개구리님, 나에게도 그런 재주를 좀 가르쳐 주셔요" "그럼 날 따라 뛰어내려 봐요"

〈노래 4〉   개구리가 뛰어내리는 방법을 가르친다.

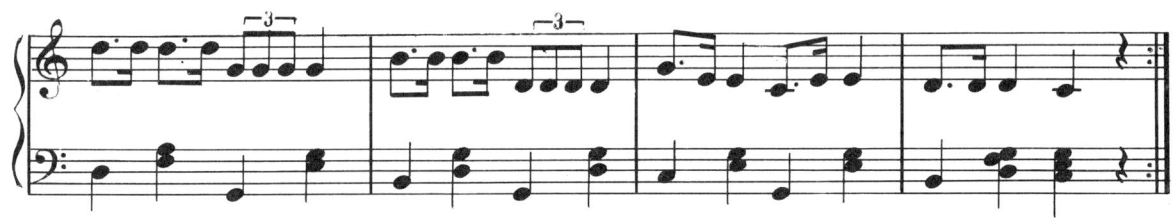

　　　　이렇게 금붕어와 개구리는 서로 서로의 재주를 배우면서 아주 친한 친
　　　구가 되었지요. 그리고는 하다가 지치면 금붕어는 연못 속으로 들어가 푹
　　　쉬고 개구리는 연꽃잎사귀 위에 올라가 폭 쉬지요

〈노래 5〉   조용히 쉰다

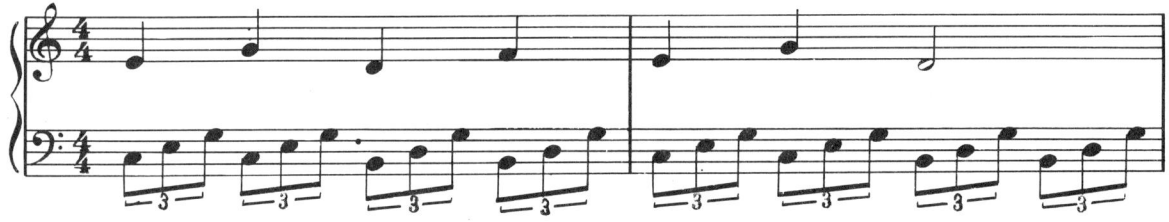

8. 〈선생님이 만든 눈사람〉

지도의 핵심 : 어린이들은 선생님이나 선생님의 물건을 좋아하고 흥미를 가지고 보게된다.

눈이 많이 오는 날 눈사람, 자동차, 우체통, 터널, 산 등을 만들며 논다. 또 선생님을 닮은 눈사람을 만들며 좋아한다. "녹아버리면 불쌍하니까 냉장고에 넣었으면" 하고 말하기도 하고 저녁이 되어 "선생님의 눈사람 안녕하세요?" 하고 선생님께 전화를 걸기도 한다. 이 체조는 어린이들의 흥미와 상상을 마음껏 표현해 본 것이다. 눈이 내리는 추운 겨울에도 마음껏 놀 수 있다면 유아지도는 합격이지요. (기민성, 내구력을 기른다)

1째 동작 : 눈이 되고 싶다.? 눈을 먹어 보았으면? 무엇부터 할까? 자! 모두들 눈 위를 걸어가는 것처럼 걸어볼까요? 퍼석퍼석한 눈이 되었어요.

8. 선생님이 만든 눈사람

〈노래 1〉 구름위를 걷는 것 처럼 걷는다

(노래 1) 구름 위를 걷는 것처럼 걷는다. 그 때 하늘에서 펄—펄— 눈이 내리기 시작했지요.

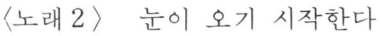

유치원 마당에도 눈이 내리지요 눈이 와서 기분이 좋아진 선생님은 모두 마당에 나가서 눈사람을 만들기로 했지요. 어린이들은 눈을 꾹꾹 뭉쳐서 영차영차 두들기고 굴리고 해서 눈사람을 만들고 터널도 만들고 터널을 지나갈 자동차도 만들었지요.

〈노래 3〉　　눈을 뭉쳐서 영차 영차

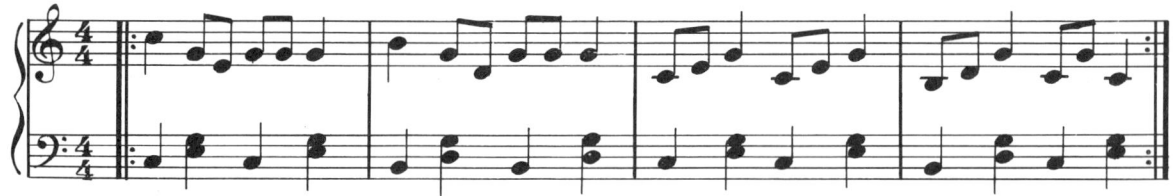

　　유치원 마당에 눈사람과 턴널과 자동차가 훌륭하게 만들어져서 저녁 햇
살에 반짝반짝 빛나고 있지요.

〈노래 4〉　　저녁햇살이 반짝반짝

　　어느 덧 밤이되었어요. 선생님은 댁에서 쿨쿨 주무시고 계시지요. 눈도
그치고 별님도 초롱초롱 어여쁩니다.

〈노래 5〉　　선생님이 쿨쿨 주무신다

　　그런데 웬일일까요? 선생님이 만드신 눈자동차가 갑자기 움직이기 시
작해서 터널을 지나고 있질 않겠어요?

〈노래 6〉　　턴넬을 지나간다.

　　그동안에 눈사람은 노래를 부르기 시작했어요.

꼬마 눈사람

〈노래 7〉 눈사람의 노래

한 겨울에 밀집모자 꼬마 눈사람
눈섭이 우습고나 코도 삐뚤고
거울을 보여줄까 꼬마 눈사람

　　　　아침이 되어 해님이 방글방글 얼굴을 내밀고 마당이 점점 따뜻해졌어요.

　　　　해님이 얼굴을 내민다.
　　노래부르고 있던 눈사람이랑 달리고 있던 자동차랑, 터널 모두 점점 녹기 시작했어요.
　　"아아 선생님이 아마 깜짝 놀라시겠지" 해님은 미안한듯이 중얼거렸어요.

서 정 숙

- 미국 L.A 크리스찬 유니버시티 기독교 교육학과 졸업
- 미국 L.A 퓨리탄스테이트 유니버시티 대학원 교육학과 석사학위 취득
- 유치원 현장 교육 경력(18년)
  서울 도원 유치원 14년
  서울 성동 유치원 1년
  서울 동우 유치원 3년
- 유아교육과 강사 경력(18년)
  칼빈 신학교 유아교육과(10년)
  합동보수총회 신학교 유아교육과(5년)
  수원 간호전문대학 유아교육과(2년)
  안양 공업전문대학 유아교육과(1년)
- 전국 실기지도 초빙 강사 경력(17년):전국 전역
- 유아 실기교육 지도강사 경력(18년):YMCA

저서
- 유치원 교사를 위한 이야기 나누기 자료
- 새로운 손유희 모음
- 즐거운 손유희 모음
- 노래랑 춤이랑
- 유아교육 실기자료
- 자율적 신체표현 이론과 실제

새로운 손유희 모음

초판 13쇄 · 2006. 4. 20

저　자 · 서정숙
발행인 · 김갑기
발행처 · 보육사

서울 동대문구 신설동 92-7 (㉾130-110)
전화 · 927-2121~5 (본　사)
928-3390~1 (출판부)
928-6663~5 (영업부)
팩스 · 928-0698 (출판부)
922-1391 (영업부)
http://www.boyuksa.co.kr
등록 · 2005. 6. 14. 제5-443호

ⓒ 서정숙, 1981
ISBN-89-7056-458-6

값 7,000원

파본은 본사나 구입하신 서점에서 교환하여 드립니다.